정신분열증 환자의
미술치료와
삶의 질

정신분열증 환자의

미술치료와
삶의 질

▪ 유미 지음

이담
Books

머리말

미술치료라는 학문을 접한 지 올해로 꼭 13년이 되었다. 그동안 미술치료를 진행하면서 많은 내담자들을 만날 수 있었다. 정신적, 신체적 장애로 인해 고통 받던 사람들, 마음에 상처가 많았던 사람들, 항상 그림과 함께 나와 시간을 같이 했던 그들이 나에게 모두 소중하고, 기억 속에서 사라지지 않는다. 그중 유독 내 마음을 이끌었던 내담자들이 있었다. 그들은 정신분열증환자였다. 마음이 너무나 여리고, 순수했던 그들은 나를 그들의 예술세계로 흠뻑 빠져들게 했다. 그리고 그들과 함께 그림을 그리며 많은 시간이 흘러갔다.

이 책은 그동안 나의 임상경험을 토대로 정신분열증환자의 미술치료에 필요한 이론과 사례들을 간추려 기술한 것이다. 부족하기는 하지만 이 책이 정신분열증환자들의 미술치료를 처음 시작하는 치료사들에게 조금이나마 보탬이 되었으면 한다. 아울러 이 책을 통하여 많은 분들이 그동안 소외되었던 그들에게 따뜻한 사랑과 관심을 갖게 되길 기원해 본다.

2008년, 2009년은 그동안 꾸준히 미술치료에 참여했던 환자들에게 좋은 소식이 있었다. 경기도 광역정신보건센터가 주최한 "정신건강 미술제"를 통해 환자들의 미술작품이 경기도 내 주요 도시에서 순회전시 되었던 것이다. 전시를 통해 환자들의 예술세계가 많은 분들에게 전달될 수 있었음은 환자들의 치료에 있어서도 매우 의미 있는 일이라 할 수 있겠다. 전시에 참여하면서 많은 환자들이 자신감을 얻고 삶의 의욕을 되찾을 수 있었다.

정신분열증환자들의 치료란 그들이 가지고 있는 병리적인 증상을 줄여주는 것이 주된 목적이 될 것이다. 그러나 어쩌면 이보다는 위축된 그들의 삶에 자신감과 성취감을 불어넣어 주는 것, 이를 통해 '삶의 질'을 높여 그들 스스로 자신의 삶에 만족하며 살아갈 수 있도록 도와주는 것이 더 중요하지 않을까 생각한다. 그리고 이러한 생각에서 조심스럽게 이 책을 출간하게 되었다.

이 책을 쓰기까지는 많은 분들의 도움이 있었다. 항상 환자들에 대한 자문을 아끼지 않는 용인정신병원 이용석 선생님, 환자들의 치료를 진행하는 데 늘 함께 애써 주시는 이숙희 선생님, 천지혜 선생님, 이 책의 출간을 도와주신 한국학술정보(주) 여러분께 지면을 빌려 감사의 말씀을 전한다.

또한 이 책의 마지막 장에는 내가 가장 아끼는 환자들의 사례를 수록하였다. 이 사례는 나의 석사학위논문으로 발표되었던 것이기도 하다. 좋은 기회를 만들어 주시고, 함께 연구에 참여하셨던 용인정신병원 신동근 선생님께도 다시 한 번 감사의 말씀을 전한다.

마지막으로 항상 바쁜 엄마 옆에서 바르고 씩씩하게 잘 자라 주는 예쁜 딸 민재에게 가장 고맙다는 말을 하고 싶다.

"민재야 사랑한다!"

항상 바쁜 중에도 늘 제게 힘을 실어주시는 하느님께 감사드립니다.

2009년 12월, 수지 연구소에서

정신분열증 환자의 미술치료를 소개하며...

예술작품이란 늘 아름다운 것만은 아닙니다. 때로는 흉한 형상으로, 때로는 아픈 내용으로 우리 앞에 펼쳐집니다. 그럼에도 불구하고 우리가 예술 작품에서 눈을 떼지 못하는 이유는 그 안에 보는 이들이 공감할 만한 한 순간의 기쁨, 기나긴 슬픔, 그리고 나머지의 공허함이 작가의 삶을 통해 표현되기 때문입니다.

예술 행위는 표현 기술을 익히기 이전에 표현 욕구로 시작하며, 예술 작품은 삶의 결과물이기 보다는 살아가는 과정의 이정표와 같습니다. 예술작품을 감상한다는 것은 어쩌면 그것을 제작한 작가의 정신세계를 이해할 수 있는 가장 훌륭한 도구가 되지 않을까 생각됩니다. 또한 그것은 유명한 예술가의 작품 뿐 만아니라 평범한 사람들이 그려내는 작은 그림 한 장 속에서도 가능하게 합니다.

정신장애인과 함께 미술작업을 한지 올해로 꼭 10년째가 됩니다. 그들과 함께하는 시간동안 많은 작품을 대할 수 있었습니다. 그러나 돌이켜 보면, 그들과 진정으로 나눈 것은 그림 그리기가 아니라 그들 안에 서려 있는 삶의 아픔과 기쁨들, 그리고 소망이었단 생각이 듭니다. 그 나눔이 깊어지고, 채워지면 조금씩 봄밭의 새순처럼 그림을 통해 바깥세상으로 내비칩니다. 그들의 작품은 누구에게도, 무엇에게도 얽매이지 않은 그들만의 세계이며, 그 세계는 우리로 하여금 함께 숨 쉬며 살지만 때론 외면했던 그들의 삶에 대한 관심을 불러 모읍니다. 어쩌면 이것이 진정한 예술적 감동이 아닐까요?

(유미, 2008: 정신건강미술제 "정신 그 내면의 세계" 도록 중에서)

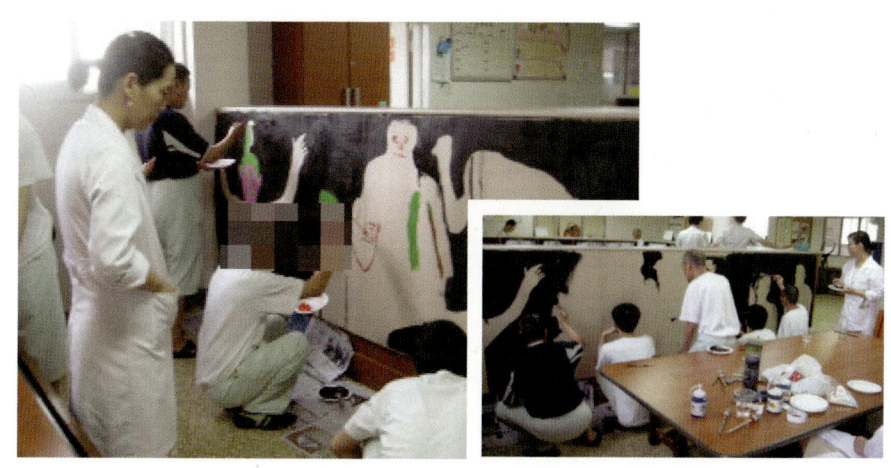

"예술 활동은 특정한 계층의 소유물이 아닙니다. 누구든 아름다운
창조물의 주인공이 될 수 있습니다. 그리고 그러한 활동에서 우리는
많은 에너지를 느낄 수 있습니다."

　그림에 몰두하는 환자들을 볼 때면 마음이 뿌듯해집니다. 그들은 무슨
생각을 하고 있는 걸까? 궁금해지기도 하죠.
　그림을 통해 그들은 하나, 둘 자신의 마음을 내비치기 시작합니다. 그
들 역시 말보단 그림이 이야기하기 편하다고 말합니다. 그리고 그림이 자
신을 알아가는 계기가 되었다고 말합니다.

"미술은 강력한 전달의 도구다(Malchiodi)."

그렇기에 우리는 그림을 통하여 그들을 이해할 수 있습니다.
그리고 그들에게 좀 더 가까이 다가갈 수 있습니다.

"모든 예술가가 특별한 인간인 것은 아니다. 각각의 인간이 특별한
예술가다(Elias Katz)."

　처음엔 그림 그리기를 어려워했던 환자들이지만, 이제는 어떤 재료를
주어도 능숙하게 재료를 다루며 그림을 그립니다. 그리고 다양한 재료를
다루며 생기는 자신만의 독특한 표현을 통해 환자들은 자신감을 얻게 됩
니다. 그들 스스로 만족해하고 즐거워하는 모습을 볼 때면 가슴이 벅차오
름을 느낍니다.

"미술표현은 한 사람의 외부세계와 내부세계가 만나는 곳이다(Ulman)."

그림은 하나의 소통방식입니다. 그림을 통해 우리는 많은 이야기를 주고받을 수 있습니다. 말 한마디 하지 않던 환자가 그림을 통해 이야기를 시작합니다. 모습이 꽤 진지하게 보입니다. 이처럼 그림은 우리에게 대화할 수 있는 끊임없는 매개체가 되어줍니다. 그것은 타인을 이해하게도 하지만, 마음속 깊이 묻어두었던 나를 다시 만나게 하기도 합니다.

가끔은 미술매체의 놀라운 힘도 체험하게 되죠. 한 번도 나오지 않았던 이야기들이 매체를 통해 펼쳐집니다. 바로 아래의 그림처럼 말이죠.

콘테라는 재료를 통해 우리는 탄광촌에서 어린 시절을 보냈던 환자의 이야기를 진지하게 들을 수 있었습니다. 아마도 새까만 콘테라는 재료를 통해 환자 자신이 살았던 탄광촌이 연상 되었던가 봅니다.

"어릴 때 탄광촌에서 살았어요. 아버지가 탄광촌에서 일하셨는데, 그래서 그곳 사택에서 살았어요. 아버지가 돌아가시면서 서울로 올라오게 되었어요. 탄광촌은 검은 먼지가 많아요. 그래서 진폐증환자도 많아요. 폐광되기 5년 전에 가봤는데 어릴 적 그대로였죠."

미술치료는 이러한 방식으로 진행됩니다. 미술활동을 통해 환자들은 자신의 이야기를 조금씩 드러내기 시작합니다. 그리고 그 이야기들은 환자를 알아가고, 이해하고, 집단 안에서 서로 공감하고 배려할 수 있는 힘을 길러갈 수 있도록 합니다. 또한 미술활동에서 얻을 수 있는 창조적인 힘은 힘겹게 병과 싸워야만 하는 환자들에게 큰 에너지를 실어줍니다.

이것은 아마도 미술치료만이 가진 독특한 힘이 아닐까 생각됩니다.

부디 더 많은 환자분들이 이러한 창조적인 활동을 경험할 수 있게 되길 바래봅니다.

목 차

I.

정신분열증환자의 미술치료에 앞서

정신과뿐만 아니라 일반 의학적인 치료 효과를 판정함에 있어서 환자가 스스로 느끼는 주관적 행복감과 '삶의 질'(quality of life, QOL)의 영향에 대한 연구가 지난 30년간 꾸준히 이루어졌다(Goodman M, Smith T, 1997). 최근 수년 동안에는 환자들의 건강과 관련된 삶의 질을 증진시키는 것이 특히 만성적이고 고질적인 의학적 질병(예: 관절염, 암, 만성 폐질환)을 치료받고 있는 환자들의 전귀(outcome)에 중요하다는 인식이 증가되며(Award AG, 1992), 완치가 불가능한 질환의 치료목표를, 최대한의 기능유지와 '삶의 질' 향상에 두어야 한다는 경향이 대두되고 있다. 이러한 관심의 증가는 환자의 수명을 단순히 증가시키는 쪽에서 삶의 질을 증진시키는 쪽으로 개념의 전환이 일어나고 있다는 것을 나타낸다(Award AG, 1993).

지금까지 이러한 '삶의 질'에 대한 연구 경향은 신체 질환을 대상으로 한 연구가 많았고, 정신분열증을 비롯한 정신질환자들을 대상으로 한 연구는 상대적으로 부족하였다. 그 이유로는 정신질환자에 대한 오해와 편견, 연구재정의 부족, 정신질환자의 주관적 보고에 대한 신뢰성에 대한 편견 등이 원인으로 생각된다(최영희, 1997). 그러나 최근 들어 정신질환자들에게 제공한 서비스가 그들의 '삶의 질'을 향상시키는 데 어떤 영향을 미치고 있는지에 대한 관심이 점차 늘어나고 있다.

우리나라의 정신분열증환자를 포함하는 정신질환자의 수는 2005년 전체 인구의 1.9%인 89,199명(보건복지부, 2005)이며, 이 중 정신분열증은 정신질환의 54.2%를 차지하고 있다. 이처럼 정신분열병은 인구 100명당 1명 이상 발병할 정도로 흔한 질병이며, 이는 개인의 문제뿐만 아니라 가족문제, 사회적인 문제로까지 확대되고 있다고 볼 수 있다.

정신질환으로 인한 사회적 직·간접비용[1]은 매우 크다. 다른 질환에 비하여 상대적으로 일찍 발병하지만, 질환 자체로 사망하는 경우는 없고, 상당수의 환자들은 치료를 위하여 많은 지출을 해야 할 뿐 아니라 자신과 가족들의 생산성이 저하되고, 결과적으로 국가에 큰 경제적 손실을 주게 되기 때문이다(박종익, 2000).

이와 더불어 정신분열증이 가지는 사회적 중요성은 정신분열증환자 중 의료 급여환자[2]가 차지하는 비율이 계속해서 늘어나고 있다는 것이다. 정신분열증 건강보험환자의 유병률은 인구 10만 명당 127.92명, 정신분열증 의료 급여환자의 유병률은 인구 10만 명당 974.51명이다(남정자 외, 1944). 이는 저소득층에서 정신분열증의 발병률이 높다기보다는 정신분열증환자와

---

1) 직접비용(direct costs)은 질환을 치료하는 데 관련된 실제적인 재정적 지출(병실료, 식비, 진료비 등)을 말하며, 간접비용(indirect costs)이란 질병이나 장애로 인한 생산성의 저하로 입은 금전적 손실을 말한다(박종익, 2000).
2) 의료 급여는 생활보호 대상자 등 일정 수준 이하의 저소득층을 상대로 그들이 자력으로 의료문제를 해결할 수 없을 경우 국가제정으로 의료혜택을 주는 공적 부조제도이며, 의료 급여환자는 의료 급여의 적용을 받는 환자를 말한다.

그 가족들이 질병으로 인한 노동력 상실과 과도한 치료비 부담으로 저소득층으로 전락하는 경우와 그로 인한 환자 포기 등이 원인이다. 의료보장 제도의 확대정책에 따라 정신분열증환자의 의료 급여로의 편입은 앞으로도 계속 증가할 것으로 보인다. 이러한 의료 급여 정신분열증환자들은 노동력 상실, 가족의 치료부담에 따르는 환자포기, 사회적 물의에 대한 두려움 등으로 입원치료라는 명목 아래 사회로부터 격리 수용되어 있는 경우가 많고 대부분이 장기 입원으로 이어진다(김영미, 1999: 서수경, 2000).

장기 입원은 환자의 '삶의 질'을 떨어뜨리고 사회적 기능 상실과 인격의 황폐화를 초래하여 지역사회에서의 적응을 더욱 어렵게 만든다(서수경, 2000). 입원에 따르는 가족관계 결속의 감소와 그에 따른 사회적 고립, 가족들의 정서적, 경제적 부담의 문제에서 오는 가족으로부터의 따돌림, 소외감 등은 불안, 우울과 같은 정신과적 손상을 증가시키기도 한다(서현희, 2000). 경제적 빈곤으로 다양한 치료혜택을 받지 못하고 약물치료에 의존하는 것 또한 그들의 병을 더욱 만성화하도록 만든다. 그러나 가장 큰 문제는 그들 스스로 자신의 격리·수용적 삶을 받아들이고 자신을 포기한 채 타인에게 의지하며 살아가는 데 있다(유미, 2004).

이들에게 절실히 필요한 것은 격리·수용이 아닌, 작업치료를 통해 사회로의 적응력을 키워, 사회에 복귀할 수 있도록 하는 것이다. 이를 위해선 그들이 가진 위축감, 우울감 등을 저하시키고, 그들에게 무엇인가 하고자 하는 '의지'와 '자신감'을 고취시켜야 할 것이다(유미, 2008).

이러한 관점에서 미술치료가 갖는 의미는 크다. 창의적인 미술활동을 통해 자신감을 고취시킬 수 있으며, 미술매체사용에 따른 작업과정의 계열성이 환자의 감정뿐만 아니라 사고력 및 신체의 기능적인 부분까지도 개선할 수 있도록 도와주기 때문이다.

미술치료는 비언어적인 방법으로 자신을 표현하기 때문에 언어표현이 적절치 못한 정신분열증환자들에게 용이하며, 무의식의 의식화, 창조성의 자극, 객관화를 통한 통찰 등 미술치료가 가진 치유기제들은 정신분열증환자들이 가진 병리적 증상들을 완화시키는 데 도움이 된다(최현진, 2004).

일반적으로 정신질환자를 대상으로 한 집단 미술치료는 사회성의 향상과 자존감의 향상에 효과가 있음이 논의되었고(Green, Wehling & Talsky, 1987), 국내에서도 정신분열증환자를 대상으로 하는 연구가 활발하게 진행되어 자존감향상, 집단응집력, 사회적 상호작용에 큰 효과를 나타냈음이 보고되고 있다(유미, 2008).

그러나 무엇보다도 미술치료가 갖는 가장 큰 효과는 그들 스스로 참여했던 미술활동에 대한 자신감 및 만족감, 그리고 그로 인한 '삶의 질' 향상일 것이다. 이는 필자의 연구를 통해서도 여러 번 보고되었다(유미, 2004; 유미, 신동근 2005).

물론 정신분열증환자의 치료목표는 환자의 생활환경, 정신적·신체적 기능 상태 혹은 환자의 선호도 등에 따라 달라질 수 있다. 그러나 가장 중요한 것은 그들이 인간다운 삶을 영위할 수 있도록 하는 것, 즉 '삶의 질'을 높일 수 있도록 도와주는 것이 아닐까 생각된다.

'삶의 질'은 개인이 바람직하고 만족스러운 것으로 느낄 수 있는 생활의 모든 내용을 통합하고 요약하는 추상적 개념이다(황태연 외 1998). 인간은 인간으로서의 존엄과 가치를 부여받으며 신체적, 정신적, 사회적으로 만족감을 느낄 때 '삶의 질'에 대한 가치를 높일 수 있다(진용일, 1993). '삶의 질'은 어느 특정 계층만의 개념은 아니며, 환자들의 정신병리적 증상 때문에 그들의 '삶의 질'이 결코 무시되어선 안 될 것이다. 그렇기에 그들의 치료는 약물에 의존하기보다는 자신의 삶에 만족감을 느끼고 살아갈 수 있도록 다양한 치료가 이루어져야 할 것이다. 이러한 맥락에서 필자는 이 책을 통해 정신분열증환자의 치료 방법의 하나로, 미술치료를 소개하려 한다. 1990년 이래로 미술치료는 대상의 연령 및 증상에 따른 많은 연구가 이루어져 왔으며, 그 효과성에 대한 검증도 꾸준히 이루어지고 있다.

그동안의 연구 결과에 의하면 미술치료는 아동과 청소년은 물론 성인에 이르기까지 심리 상담과 정서치료의 가치가 높으며, 놀이능력, 집중력, 상호작용의 증대, 분노의 조절, 경험 및 사고의 확장, 작은 근육조절, 지각 능력의 향상 등 많은 효과를 기대할 수 있다. 이러한 장점으로 최근에는 어떤 증상이 시작되기 전 예방적 차원에서 실시되기도 한다.

이렇듯 미술치료는 그 대상의 폭이 넓은 만큼이나 다양한 접근 방법과 목적을 가지고 시행되고 있다. 그러나 미술치료의 진행에 가장 중심이 되는 것은 무엇보다도 치료를 주도하는 미술치료사가 환자의 치료 목적을 어디에 두는가 하는 문제일 것이다. 즉 미술치료는 치료의 목적에 따라 치료방법(매체 및 프로그램 선정)이 크게 변화될 수 있다. 특히 정신분열증 환자의 미술치료는 미술치료사마다 각기 다른 입장을 표명한다.

어떤 치료사는 기능이 낮은 정신분열증환자에게 미술치료는 아무런 의미가 없다고 말한다. 어떤 치료사는 환자의 기능을 개선하는 데 목적을 두어야만 한다고 말한다. 또한 어떤 치료사들은 환자들의 그림을 분석하고 해석하는 데 목적을 두기도 한다.

무엇이 옳고 그른 것인가 말할 수는 없다. 가장 중요한 것은 환자가 원하는 것, 환자에게 도움이 되는 것이 무엇일까 알아내고 이를 적용시키는 일, 즉 환자들이 스스로 자신의 '삶의 질'에 만족감을 느끼며 살아갈 수 있도록 도와주는 것이다.

필자가 좋아하는 글귀가 있다. 이것이 치료사로서 가져야 할 자세, 혹은 치료의 목적이 되지 않을까 생각된다.

"나의 치료목표는 환자에게 한 번도 기회가 주어지지 않았던, 아무런 희망 없이 굳어져 버린 자신의 존재를 실험하기 시작하는 정신적 상태, 즉 유동성과 변화와 발전하는 상태로 이끌어 내는 것이다(Jung, 1929)."

II.
정신분열증

　정신분열증은(schizophrenia)은 인지, 지각, 정동, 행동, 사회 활동 등 다양한 정신 기능에 이상을 초래하는 주요 정신병으로, 병의 임상경과, 예후 등이 매우 다양한 특성을 갖고 있다. 또한 병의 유병률이 비교적 높고 (전 인구의 1%), 젊어서 발병하며, 경과가 만성적이고, 파괴적인 수가 많고, 이로 인해 사회의 직접 및 간접비용이 엄청나기 때문에 그 진단과 치료는 매우 중요하다(민성길, 1999).

　정신분열증은 정신과 의사가 치료하는 질환 중에서 가장 이해하기 어려우면서도 비극적인 병일 것이다. 대부분 10대에서 20대 초반에 걸쳐 발병하기 때문에, 이 병에 걸린 사람들은 진학이나 취업, 결혼, 출산과 같은 정상적인 생활을 하는 데 어려움을 겪게 되며 가족과 사회에도 많은 경제적, 정신적 부담을 주게 된다. 미국 국립정신보건원(National Institute of Mental Health)의 1991년 자료에 의하면 직접비용과 간접비용을 합친 연간 치료비용이 650억불 이상이라고 하며, 세계보건기구 WHO 후원하에 세계적으로 모든 질환의 비용을 비교한 연구 Global Burden of Disease 에서도, 정신분열병은 16~44세 연령층에서 10대 장애원인의 하나에 속한다(대한신경정신의학회, 2009).

1. 원 인

정신분열증이 하나의 원인에 의한 단일 질환인지 아니면 여러 요인에 의해 야기되는 증후군 인지는 확실치 않을 뿐 아니라, 이 질환을 규정짓는 경계조차 불분명하다. 병의 원인에 대한 학설은 매우 많지만 뚜렷한 원인으로 밝혀진 것은 없으며, 단지 여러 요인들이 복합적으로 작용하여 발병하는 증후군 내지 복합질병이라는 것이 현재의 지배적인 견해이다. Stress diathesis model에 의하면 어떤 개인이 특별한 취약성을 가지고 있어, 어떤 환경적 스트레스를 받으면 정신병이 발병하게 된다고 한다.

정신분열증이 뇌의 질환이라는 점에 대해서는 어느 정도 의견이 일치되고 있지만 심리적, 사회적 요인 또한 발병과 경과에 중요한 역할을 한다는 점에서 이 질환의 원인과 병태생리는 매우 복합적이라고 말할 수 있다(대한신경정신의학회, 2009).

1) 생물학적 원인

(1) 유전적 요인

정신분열증환자의 가족은 환자와의 관계가 가까울수록 정신분열증 및 그와 연관된 질환의 유병률은 일반인에 비해 10배 정도 높으며 이란성 쌍생아보다 일란성 쌍생아에서의 일치율도 높아 유전적 요소의 중요성을 보고하고 있다. 그러나 일란성 쌍생아에서의 불일치율도 높은 편이어서 이 질환의 환경적 요인의 중요함을 알 수 있다(APA, 1994). 혈연관계에 따른 정신분열증의 발병 위험률은 다음과 같다.

(표 1) 혈연관계에 따른 정신분열증의 발병위험률

인구 군	유병률(%)
일반 인구	1.0
정신분열증환자의 형제	8.0
부모 중 한 사람이 정신분열증환자	12.0
정신분열증환자의 이란성 쌍둥이	12.0
부모 모두 정신분열증환자	40.0
정신분열증환자의 일란성 쌍둥이	47.0

(자료) 대한신경정신의학회, 2009

(2) 신경생화학적 요인

① 도파민(Dopamine)

정신분열증 원인에 대한 여러 생화학적 가설 중 도파민 가설이 가장 지배적이다. 도파민 가설은 도파민의 분비 과다나 도파민 수용체의 증가

등으로 인하여 도파민 활동이 과잉상태가 되면 정신분열증이 발생한다는 가설이다(민성길, 2003).

어떤 도파민성 경로가 정신분열증의 병태생리에 관여하는지는 불확실하지만 중뇌피질(mesocortical)과 중뇌변연계 경로(mesolimbic tract)가 관여할 것으로 추정되고 있다. 최근에는 수정된 도파민 가설이 제시되고 있는데, 음성 증상은 중뇌피질 경로의 도파민 활성 저하에 기인하고 양성 증상은 중뇌변연계 경로의 도파민 활성 과잉에 기인한다는 것이다(대한신경정신의학회, 2009).

그러나 이러한 생화학적 기능에서의 차이는 장애에 기인한다기보다 항정신성 약물의 장기복용, 과다한 흡연, 다량의 커피 섭취, 영양분이 부족한 식사 등에 기인할 가능성도 있다(Davison & Neal, 1998)

② 신경해부학적 요인

전산화단층촬영(Computerized Tomography: CT)이나 자기공명촬영(Magnetic Resonance Imaging: MRI)과 같은 신경영상학적 연구와 부검 연구를 통한 뇌의 구조적 연구에서 측뇌실(lateral ventricle)과 제3뇌실의 확장, 대뇌피질의 위축, 대뇌반구비대칭성(cerebral asymmentry)의 이상, 소뇌의 위축, 측두엽 용적 감소 등이 보고되는데, 이 중 측뇌실의 측두극(temporal pole)의 확장, 변연계 구조물과 측두엽 특히 상측두엽(superior temporal gyrus)의 용적 감소가 비교적 일관성 있게 보고되고 있다. 이와 같은 뇌의 구조적 이상은 약물치료를 받지 않은 초발 환자군에서도 관찰되고 있으며, 정신병 발병 후 치료를 시작할 때까지의 기간에 따른 차이가 없다고 한다.

이런 소견은 정신분열병에 대한 신경발달학적 관점, 즉 발병 이전부터 뇌의 이상이 존재한다는 이론을 지지하고 있다(대한신경정신의학회, 2009).

③ 신경생리학적 요인

눈동자가 움직이는 물체를 자연스럽게 따라가지 못하고 급격하게 움직이는 연성안구추적 운동(smooth pursuit eye movement: SPEM)의 장애가 정신분열증환자의 50~85% 정도 관찰된다. 정상인의 10%, 정신분열병 이외의 질환에서도 25% 정도가 이와 같은 안구운동 이상을 보이기는 하지만 정신분열증환자의 직계가족에서 34%~58% 정도 나타나고 또 임상경과와 무관하기 때문에, 이것이 정신분열증의 특성 표지자(trait marker)일 가능성이 제기되고 있다(대한신경정신의학회, 2009).

④ 정신면역학적 요인

정신분열증환자의 20~70%에서 항뇌항체(antibrain antibody)가 발견되고 뇌척수액 내의 면역그로부린(immunoglobulin) 생성이 증가되고 있다는 보고 등을 근거로 바이러스 감염 또는 내인성자가 면역질환과 관련된 자가 면역반응 가설이 제기되었다. 이와 같은 면역 이상 소견은 모든 환자로부터 관찰되는 보편적인 것은 아니지만 감염 인자에 대한 취약성이나 감염 후의 반응이 상당 부분 유전적 영향에 의해 결정될 것이라는 점에서, 유전적인 취약성과 감염 인자가 함께 작용할 가능성을 주장하는 학자도 있다(대한신경정신의학회, 2009).

(3) 심리사회적 요인

① 정신분석학적 이론

Freud는 사람들과의 갈등과 좌절로 인해 자아가 붕괴(disintegration)되면서 인격발달의 초기 단계로 퇴행하여 고착(fixation)되고 정신적 에너지의 투입이 중단되는데, 이와 같은 자아의 결손이 증상형성에 관여한다고 하였다.

Klein은 출생 후 첫 6개월 동안 유아가 어머니에게 파괴적 충동을 경험하면서 편집성 불안과 상실에 대한 불안을 느끼게 되고 이것을 극복하기 위하여 분리, 함입, 투사 등의 원시적 방어기제[3]를 사용하는 것에서 발병요인을 찾았다(대한신경정신의학회, 2009).

Sullivan(1953)은 정신분열증이 생애 초기의 대인관계, 특히 모자관계 이

---

[3] 자아방어기제란 애정대상의 상실, 초자아의 비난과 같은 위험하고 불쾌한 정동으로부터 자신을 보호하기 위해 애쓰는 자아의 분투를 일컫는 용어이다(미국 정신분석학회, 2002). 정신분석자인 안나 프로이드(Anna Freud)는 아버지인 지그문트 프로이드(Sigmund Freud)의 방어에 대한 관점을 정리하여 방어기제에 대한 최초의 체계적 이론을 수립하여 성격발달에서 방어의 역할에 관한 이해를 확대시켰다. 주요 방어기제를 설명하면 다음과 같다(천성문 외 공역, 2001).
① 억압(repression): 위협적이거나 고통스런 생각, 감정들을 의식하지 못하도록 하는 방어수단으로 신경증적 장애의 기초가 된다.
② 취소(Undoing): 의례 행동을 통해서 공격적 행동을 제거하거나 자신의 행동에 대한 책임을 면제받고자 하는 기제.
③ 반동형성(reaction formation): 위협적 충격에 대한 상반되는 충격을 적극 표현하는 것.
④ 투사(projection): 받아들일 수 없는 욕망이나 충동 등을 다른 사람에게 귀인시키는 것.
⑤ 치환(displacement): 충동이나 욕구를, 원래 불러일으킨 대상에게 해소할 수 없을 때 그 대상보다 더 '안전한 상대'에게로 이동시켜서 그 충동을 해소하는 것.
⑥ 합리화(rationalization): 상처 입은 자아를 설명하기 위해 타당한 이유들을 조작하여, 행동을 정당화 하는 것.
⑦ 승화(sublimation): 성적, 공격적 에너지를 사회적으로 허용되고 때로는 칭찬까지도 받는 경로로 전환하는 것.
⑧ 퇴행(regression): 극심한 스트레스나 극단적인 곤경에 처했을 때 부적절한 행동을 고수함으로써 불안에 대처하려고 하는 것.
⑨ 내사(introjection): 타인의 가치나 기준을 받아들이고 삼키는 것.
⑩ 분리(splitting): 통합이 불가능한 자기와 타인에 대한 경험들을 구획 짓는 것. 행동, 사고 및 감정의 모순에 부딪히면서 그 차이에 대해서 덤덤하게 부인하거나 대수롭지 않게 반응해 버린다.

상 때문에 발생하는 것으로 보았으며, Mahler(1952)도 어머니로부터 점차 분화되어 독립된 개체로 성장하는 분리개별화 과정에서 분화에 실패하여 미분화 상태로 남는 것이 정신분열증의 위험성을 증가시킨다고 보았다.

청소년기에 발생률이 높은 이유는 부모로부터 독립, 주체성 확립, 증가하는 내적 욕동의 조절 등을 위해 이 시기에 강한 자아가 요구되기 때문이라고 설명한다. 그리고 환각 망상 등의 정신병적 증상은 각각의 환자에게 상징적인 의미를 갖는다고 생각되고 있다.

Winnicoff(1965)는 자아의 성장을 위해서 좋은 양육(good enough mothering)이 필요하다고 말하며, 유아가 좋은 양육을 통해 믿음과 안정의 기본적 인식이 있을 때 정신분열증의 위험성이 작아진다고 하였다.

② 가족관계이론

가족관계 이론은 병적인 가족환경이 정신분열증의 소인이 있는 사람에게 정서적 스트레스 인자로 작용하며, 특히 가족 간의 상호관계와 의사소통이 병의 발병에 중요한 역할을 한다는 이론이다.

1950년대에 정신분열증과 관련된 여러 가지 가족이론들이 주장되었다. Bateson을 중심으로 한 정신세계연구소의 연구팀은 정신분열증환자의 가족에게 이중구속이라는 대화 형태가 있음을 발견하였다(김용태, 2003). 즉 아이에게 모순되는 행동, 태도, 느낌에 대해 서로 모순되는 메시지를 동시에 주게 되면 그 아이는 내적 평형이 깨지고 갈등, 분노, 불안, 마비, 무력감 등을 느껴 정신병적 세계로 빠져든다고 하면서, 이를 이중구속(double bind)이라고 하였다(대한신경정신의학회, 2009).

Lidz는 부모 사이에 명백한 분열이 있고 세력이 한쪽 부모에 편파되어 있을 경우, 약한 부모는 이성의 자녀를 편애하고 동성의 자녀에게는 노골적인 증오를 표현하는 병적인 가족구조에 의하여 정신분열증이 발병한다고 주장하였다(Lidz, Fleck & Cornelison, 1965).[4]

Wynne은 표면적으로는 서로 돕고 이해하려는 듯 보이나, 속으로는 가족 개개인의 독립된 발전을 두려워하고, 이를 막으려 하는 가족 내의 거짓 상호 배려적 또는 거짓 적대적 대화방식이 정신분열증의 발병에 영향을 준다고 보았다(Wynne, Ryckoff, Day & Hirsch, 1981).

최근에는 가족의 부정적인 감정이 과도할 경우 정신분열증환자의 재발률이 유의하게 높았다는 보고가 있다(민성길, 2003). 과거에는 이러한 가족관계 이론이 정신분열병의 원인으로 중요시되어, 많은 가족들이 부당한 죄책감을 느끼거나 비난을 받는 계기가 되었다. 그러나 정신분열병 이외의 만성신체질환을 가진 환자의 가족에서도 이러한 왜곡된 가족관계가 보이기 때문에 현재는 가족이 정신분열병의 원인이 된다는 견해는 거의 받아들여지지 않고 오히려 치료의 중요한 자원이 된다는 견해가 지배적이다(대한신경정신의학회, 2009).

---

4) Lidz는 세 가지 형태의 왜곡된 가족관계를 정신분열증의 발병 소인으로 제시하였다. 첫째는 가족의 감정생활이 한쪽 배우자에 의해 지배되는 결혼왜곡(marital skew)으로, 이때 약한 쪽은 이성의 자식을 편애하고 동성의 자식에게는 노골적인 증오를 표현한다. 둘째는 부모가 서로 실망하여 서로 고립된 생활을 하면서 감정적 보상을 자식에게 구하는 결혼분파(marital schism)로, 이때 자식은 누구의 편을 들어야 할지 죄책감을 느낀 다는 것이다. 마지막은 어머니가 자녀를 전적으로 자신에게 의존하게 하고 자녀 스스로는 혼자서 살지 못하도록 만드는 경우이다. Lidz는 위의 세 가지 중에서 어느 경우라도 아이가 독립된 인격으로 성장하는 것이 저해된다고 하였다(대한신경정신의학회, 2009).

2. 증 상

정신분열증의 진단 기준

A. 특징적 증상들: 다음 2개 이상의 증상이 1개월 (성공적으로 치료를 받는 경우에는 그 이하)중 상당 기간 존재해야한다.
(1) 망상
(2) 환각
(3) 와해된 언어(예: 자주 주제를 이탈하거나 지리멸렬함)
(4) 심하게 와해된 행동이나 긴장증적 행동
(5) 음성증상, 즉 정서적 둔마, 무언어증 또는 무욕증

* 주의 : 만약 망상이 기괴하거나 환각이 환자의 행동이나 생각에 대해 간섭하는 목소리이거나 두 명 이상이 서로 대화하는 목소리일 경우에는 한 개의 증상만 있어도 진단을 내릴 수 있다.

B. 사회적/ 직업적 기능장애: 발병이후 상당 기간 동안 직업, 대인 관계 또는 자기관리 등의 주요한 생활영역의 기능 수준이 발병 이전과 비교하여 현저하게 감소되어 있다.
C. 지속기간: 장애의 징후가 적어도 6개월 이상 지속되어야 한다. 6개월의 기간은 진단 기준 A를 충족시키는 증상이 존재하는 1개월 (즉 활성기)의 기간을 포함하고 있어야 하며 전구기와 잔류기를 포함할 수 있다. 전구기나 잔류기에는 음성증상만 있거나 진단 기준A에 속하는 증상 가운데 2개 이상의 증상이 약화된 형태(예: 괴상한 믿음, 이상한 지각적 경험)로 나타난다.
D. 분열정동장애와 기분의 장애 배제:(1) 주요 우울증, 조증, 혼재성 기분장애 상태가 활성기에 함께 나타나지 않거나 (2) 활성기 동안 기분장애 상태가 나타난다 하더라도, 활성기와 잔류기의 지속 기간에 비해 그 기간이 상대적으로 짧은 경우여야 한다.
E. 물질 및 일반적인 의학적 상태의 배제: 장애가 물질(예: 남용약물이나 투약 약물)이나 일반적인 의학적 상태의 직접적인 생리적 효과에 의한 것이 아니다.
F. 전반적 발달장애와의 관계: 자폐증이나 다른 전반적 발달 장애의 과거력이 있는 경우, 현저한 망상이나 환각이 적어도 1개월 이상 존재할 때만 추가적으로 정신분열증으로 진단 한다.

(자료) 대한신경정신의학회, 2009

1) 임상증상

정신분열증환자가 보이는 증상은 몇 가지 주요 영역, 즉 사고, 지각 및

주의, 운동행동, 정동이나 정서, 생활 기증 영역에서의 장애로 분류될 수 있다(Davison & Neal, 1988). 그러나 이러한 증상들은 환자마다 개인차가 심하여 어떤 증상이 정신분열증의 핵심 증상이라고 단정하기는 어렵다. 정신분열증에서 흔히 볼 수 있는 임상증상은 다음과 같다.

(1) 사고의 장애

사고장애는 정신분열증의 주된 장애로, 대부분 환자의 언어를 통하여 표현 되므로 언어장애로 기술되기도 한다. 사고가 비논리적이고, 추상적 이해가 어려워 개념형성에 문제가 생긴다. 또한 사고의 흐름이 지리멸렬하고 뒤죽박죽되거나 명쾌하게 말을 하지 못한다. 이는 다른 사람과의 의사소통에 장애를 가져와 사회적으로 고립되는 원인이 되기도 한다.

정신분열증환자들은 자신의 논리와 법칙에 따라 생각하는데, 사고의 통합이 결여되어 있고 사고의 연속성(Chain of Association)이 붕괴되어 있다. 또한 사실이나 상식적 설명에 직면하면서도 좀 체로 변경되지 않는 잘못된 신념인 망상을 경험하게 되는데, 자신의 생각이 전파되어 모든 사람이 알게 된다는 사고전파, 누군가 나를 미행한다, 누군가 나를 죽이려한다는 등의 관계망상이나 남들이 온통 자신을 모함하고 해친다고 생각하는 피해망상(Persecutory Delusion), 자신이 그리스도나 대통령 특사라고 생각하는 과대망상(Grandiose Delusion), 다른 사람에 의해 조정 당하며 그 조정에 의해 행동하고 있다고 믿는 조정 망상(Delusion of Control), 그밖에 편집적 망상(Paranoid Delusion), 종교적 망상(religious Delusion), 성적 망상(Sexual Delusion) 등이 여기에 해당된다.

(2) 정동의 장애

정동장애(Affective Disturbance)의 특징은 감정의 둔화와 부적절성이다. 감정의 둔화는 느낌이 점차 사라지고 다양한 감정을 느끼는 능력이 사라지는 것을 말한다. 감정이 점차 사라지게 되면서 주변 사람들에 대한 관심도 현격하게 줄고 그들의 삶에서 벌어지는 평범한 사건뿐만 아니라 생소한 사건에도 적절하게 정서적 반응을 보이지 못한다. 감정의 부적절성은 말로 표현하는 정서의 내용과 얼굴표정이 달라서 환자의 정서상태가 타인에게 전혀 공감이 되지 않는다(예: 슬픈 이야기를 하면서 미소를 띠우며 이야기). 감정이 결여되어 있으므로 감정표현의 깊이가 없고 단조롭다. 심한 경우에는 자신이나 외부의 사건에 대해 무관심하고 감정표현을 전혀 못 하는 무감동 상태가 되기도 한다. 이러한 정서의 단절, 감정 깊이의 결여는 거북한 느낌을 주어 타인과의 정서적인 유대관계를 맺는 데 어려움을 준다.

(3) 지각의 장애

정신분열병환자들은 환각(hallucination)을 경험하는데 이것은 실제로 있지도 않은 환경적 자극들을 환자들이 보고 들으며 냄새 맡고 맛보거나 느끼는 등의 잘못된 지각이다. 환각은 종종 그들이 경험하고 있는 망상과 일치하기도 한다. 환각은 망상적 기분 망상 개념 그 밖의 요인으로 말미암아 환자는 자신의 세계를 다양하게 왜곡하며 지각한다. 환각으로는 환청이 제일 흔하지만, 환시도 드물지 않다. 자신을 포함한 주변의 사물들이 변형되어 보이거나 윤곽이 뚜렷하게 보이기도 하며 소리의 강도도 전과는 달리 들린다. 이러한 착각현상은 병적 과정으로 일어난 현실왜곡의 결과로 생각된다.

(4) 충동조절, 의욕 및 행동의 장애

정신분열증환자들은 충동조절, 의욕 및 행동의 장애를 보이는데, 이처럼 변덕스럽고 충동적인 행동은 양가감정 때문이다. 정상인은 모순되는 두 가지 충동이 있을 경우 상황에 따라 억압하거나 타협이 이루어지지만 정신분열병에서는 이런 능력이 상실되어 급격한 행동변화가 나타난다. 또한 대부분의 정신분열증환자들은 의지의 약화에 시달리고 있는데 이는 자폐적인 사고 때문인 경우가 많으며, 관심의 결여, 행동상의 후퇴를 말하는 무위증(Anergia)도 이에 속한다. 의지와 의욕이 약한 것과 반대로 그것이 고집스러울 만큼 강하고 굽히지 않는 것도 정신분열병의 특징이다. 그 대표적인 것이 함구증(mutism)을 포함한 거부증(negativism)이다. 의욕저하로 우유부단하고 능동성, 자발성이 없으며 어떤 목표를 끈기 있게 추구하지 못하게 된다. 피암시성이 병적으로 증가하여 말이나 행동을 자동적으로 흉내 내는 반향 언어, 반향 행동, 동일한 행동을 반복하는 상동행동 등도 관찰된다.

(5) 의식장애

정신분열증은 보통 의식수준의 손상은 없으며 사람, 장소, 시간에 대한 지남력은 유지되지만, 병이 오래 지속될 경우에 지남력의 손상이 오는 경우도 있다. 간혹 망상적 사고에 의해 과거의 생활사를 왜곡하는 기억력의 장애를 보이기도 한다. 같은 계층의 또래에 비해 지능이 낮은 경향이 있으며 병중에는 과제수행을 잘못해 지능이 낮게 측정되기도 하지만 영구적, 근본적 지능장애는 적다고 본다.

(6) 양성, 음성 증상

정신분열증의 증상을 양성 증상과 음성 증상으로 나눠 볼 수 있다. 누가 보아도 이상이 있다고 생각되는 일반인에게는 없지만 병을 앓고 있는 환자에게는 나타나는 증상을 양성 증상, 일반인에게는 당연히 있는 일상생활을 수행하는 기능들이 병을 앓고 있는 환자에게는 서서히 없어지는 증상을 음성 증상이라고 말한다.

양성 증상의 예로는 환청, 망상, 이상한 말과 행동 등을 들을 수 있으며, 음성 증상의 예로는 친구 및 사람들을 만나지 않고 혼자만 지내게 되는 대인관계에서의 소외, 대화의 단절, 의욕상실, 전반적인 컨디션의 저하, 집중력 저하 등을 들을 수 있다.

2) 경과 및 예후

정신분열증의 예후는 과거에 생각했던 것에 비해 최근 훨씬 양호한 것으로 나타나고 있다. 약물치료의 발전 때문이기도 하겠지만 병 자체의 경과에 변화가 있을 수도 있고 예후 판단의 기준이 변화하고 있기도 하다. 발병연령은 남녀에 약간의 차이가 있으나, 10대 후반~20대 초·중반이 가장 많으며, 소아나 30대 이후에 발병하기도 한다.

뚜렷한 증상이 나타나기 전에 전구증상이 보이는데, 여러 날 혹은 여러 달, 심지어 1년간 지속되는 경우도 있다. 발병 초기에 적절한 치료를 받으면 정상생활을 할 수도 있지만, 제대로 된 치료를 받지 못한 채 시간이 경과하면 병이 만성화된다. 병이 만성화되면, 약을 먹어도 현저했던 양성 증상(망상, 환각 등)이 완전히 사라지지 않고 남아 있을 수 있고, 무기력, 정서적 둔마, 사회 및 대인관계에서의 기능 저하 등의 음성 증상이 심해질 수 있다. 하지만 정신분열증이 반드시 인격의 황폐화를 일으키는 병은 아니다. 적절한 치료를 받지 못한 상태에서의 잦은 재발은 사회 적응능력이 감퇴되어 병의 치료를 어렵게 만들어 만성화를 재촉한다. 따라서 재발이 안 되도록 막는 일이 중요하다. 회복되는 비율은 20~60%로서 그 범위가 매우 넓은데 그 이유는 적절한 치료 여부에 따라 달라지기 때문이며 20~30%의 환자는 비교적 정상 활동이 가능하다.

3) 치 료

(1) 약물치료

항정정신병약물을 투여하게 되면 안절부절못하거나 망상, 환청, 충동적이고 난폭한 행동 등의 증상들이 현저하게 줄어들거나 없어진다. 약물투여를 받은 환자의 70%가 증상이 현저히 호전되고, 투여받지 않은 환자의 대부분이 악화된 것으로 조사되므로 약물치료는 정신분열증의 치료에서 반드시 필요하다. 약물의 규칙적이고 지속적인 투여는 재발의 예방과 호전된 상태의 유지에 매우 중요하다. 그러나 항정신병약물에는 여러 가지 부작용이 있다. 환자가 졸림, 입 마름, 안절부절못함, 어지러움, 코 막힘, 시야의 흐림, 근육이 굳어짐, 식욕증가, 변비 등을 호소할 수 있다. 드물게 나타나는 부작용으로는 근육이 경직되거나 사정이나 발기부전, 사정지연 등의 성기능 문제, 백혈구의 감소, 눈 망막의 변화 등이 보인다는 보고가 있다.

(2) 개인치료

환자와의 일대일 치료로서, 정신과 의사 등 치료자와 환자의 정기적 정신치료가 포함되는데, 그 주된 주제는 현재나 과거의 문제 경험, 생각, 감정, 인간관계 등이 된다. 치료관계의 형성을 위해선 먼저 치료자와 환자와의 인간관계가 형성되어야 한다. 환자가 취약한 부분에 대해 집중적으로 치료를 하며, 역동적 방법보다 현실적이고 실용적이며 지지적인 치료방법이 선호된다. 즉 환자는 새로운 대응전략, 현실 검증, 문제 해결, 스트레스와 재발에 관련된 문제 인식 등을 배운다.

(3) 정신재활치료

정신재활치료란 정신분열증환자들이 자신의 병을 잘 관리하여 재발을 방지하고, 병원에서 퇴원하여 가정 및 직장과 사회로 복귀하여 잘 적응할 수 있도록 하는 데 필요한 모든 사회적 치료 방법을 말한다. 병에 대한 정확한 이해와 호전된 상태의 유지 및 관리를 위한 약물증상관리교육, 대인관계 및 대화기술을 위한 사회기술훈련, 현실적으로 효과적인 문제해결 훈련과 사회적응 훈련, 독립적인 생활과 경제적인 자립을 위한 직업재활을 하는 것에 역점을 두고 있다.

(4) 집단치료

집단치료는 대인관계의 문제점 발견과 실생활에 대한 계획수립에 효과적이다. 환자는 집단치료를 통해 인간관계의 상호작용을 예행연습 하면서 스트레스를 찾아내고 집단의 지도자들과 다른 참가자들에게 지지를 받게 된다.

O'Brein 등은 개별치료를 받은 환자들의 40%가 재입원한 반면, 집단치료를 받은 환자들은 24%만이 재입원했다고 보고하면서 집단치료가 개인치료보다 더 효과적임을 밝혔다(정원철, 2000).

(5) 가족치료

정신분열증환자의 가족치료는 가족역할 관계의 정립과 분열된 가족형태를 교정하고, 문제 있는 의사소통 방식 및 부정적인 상호작용 방식을 교정하는 데 초점이 모아진다. 정신분열증환자를 구성원으로 둔 가족은 모두가 치료에 참여하여야 한다. 치료는 특정 가족 구성원의 몫이 절대 아니며 모든 가족 구성원이 치료 팀의 일원으로 동시에 참여해야 한다.

정신분열증 치료의 초점이 증상의 완화라는 단순한 의학적 모형으로부터 사회복귀나 기능 회복과 같은 정신사회 재활치료 모형으로 옮겨 감에 따라, 가족이 환자의 치료에 차지하는 비중이 점차 늘어나고 있다. 실제로 가족을 배제하고서는 환자의 사회복귀란 거의 불가능하다는 사실의 자각은 가족 교육의 필요성을 부각시키는 요인이 되고 있다(이영호, 1990).

환자를 방치해서는 안 되고 환자가 일상생활을 규칙적으로 영위하고 대인관계를 유지할 수 있도록 사회복귀시설, 지역 정신보건센터, 낮 병원 등을 이용할 수 있도록 격려하고 도움을 주어야 한다.[5]

환자의 불안이나 긴장은 병의 증상 때문일 수도 있지만, 환자의 모든 행동이 병적인 원인에 의한 것만은 아니며 다른 목적을 위한 행동일 수도 있음을 잊어서는 안 된다. 또한 환자의 가족들은 환자의 증상 중 어디까지를 이해하고 지지할 것인지 절제되고 균형 잡힌 태도를 보여야 한다. 환자 및 가족 구성원 모두의 합의를 바탕으로 하여, 환자에게 무엇이 받아들이고 무엇이 안 되는 것인지에 대한 규칙을 제시하고 일관되고 일치된 메시지를 전달하는 것이 중요하다.

(6) 행동치료

환자들이 보이는 괴이하고 병적인 행동을 줄이고, 대화를 촉진하며 잘 적응된 정상적인 사회적 행동을 증가시키기 위해 필요한 치료요법이다. 그 기술로는 token economy6)와 사회기술훈련 등이 있다. 환자와 그 가족들의 부정적인 상호관계의 개선인 생산적인 방향으로 행동을 교정하는 데 가장 기대되는 치료 방법이다.

(7) 삶의 질적 접근 치료

정신질환자들은 퇴원 후 가정과 사회에서의 적응이 바로 이루어지기 어려우며, 스트레스 상황에 매우 취약하고, 재발 또는 재입원의 위험이 크기

---

5) 정신보건센터 – 지역사회정신보건센터에서 이루어지고 있는 주간 재활 프로그램은 이에 대한 일환의 하나로, 정신 장애인이 가지고 있는 현재의 능력과 잠재력에 초점을 두고 이를 개발할 수 있도록 도움으로써 환자의 재활과 사회복귀를 위한 다양한 서비스를 제공하고 있다.
　　낮병동 – 부분 입원의 치료형태로 입원치료와 외래치료의 장점을 결합시켜 환자들이 보다 독립적이고 생산적인 활동을 할 수 있도록 도와주는 목적을 한다.
6) token economy란 행동수정에 많이 쓰이는 치료 방법으로 바람직하게 여겨지는 행동을 할 때마다 토큰을 주어 그 토큰을 약속된 개수만큼 모으면 행위자가 원하는 것을 상으로 교환하여 사용할 수 있게 해 주는 강화훈련이다.

때문에 적응 훈련이 연속적으로 이루어져야 한다. 최근에는 이러한 목적으로 정신분열증환자들이 가지고 있는 건강한 측면을 일깨워 주는 다양한 치료가 이루어지고 있다. 주요 치료를 소개하면 다음과 같다(황영순, 2005).

① 예술치료

음악, 미술, 조각, 무용, 시, 서예 등 창작 활동을 통해 치료적 효과를 얻는 것으로 무용 및 음악치료는 음악이나 율동에 있어서 신체 감각의 인식과 감정표현의 양면에서 단순한 오락보다는 효과적이라 할 수 있다. 예술치료는 창작 활동을 통해 스스로 만족감을 느끼고, 집단과의 의사소통과 친밀감을 증대시켜 대인관계를 개선하고 울적한 감정이나 스트레스를 해소시켜 준다.

그림 1) 집단 미술치료   그림 2) 음악치료

독일의 Havellhöhe 병원의 경우는 사회적 복지제도, 의학과 예술치료가 조화를 잘 이루고 있는 통합의학센터로서, 환자들은 자율적으로 미술치료, 음악치료, 오이리트미(율동치료)와 같은 예술치료를 받고 있다. 이처럼 의료시스템 속에 통합치료의 한 분야로서 예술치료가 자리할 수 있는 것은, 예술 활동이 갖는 치료적 효과뿐만 아니라, 독일의 사회의료복지 정책 또한 큰 몫을 차지한다. 예술치료를 받는 환자들은 치료비용에 대해 큰 부담을 갖지 않아도 되며, 이로써 치료를 효과적으로 지속시킬 수 있다. 이는 예술치료가 활성화되기 위해선, 치료효과뿐만 아니라 국가 정책의 뒷받침이 따라야 가능하다는 단적인 예를 보여 주고 있다(유미, 2008).

② 환경치료

개인의 자아가 갈등을 일으키는 환경에 대해 병적 적응 행동으로 나타나는 것을 증상으로 보고, 그 환자가 소속되어 있는 병실 내에서의 모든 인간관계의 증진 및 개선시키는 데 목적을 두고 공동사회 모임에서의 대화를 통하여 환자를 치료하는 방법이다.

③ 오락치료

산보, 소풍, 독서, 음악 감상, 춤추기, 사교댄스, 여러 가지 게임 등을 통해 즐거움과 참여의식을 느낌으로 기분을 전환시켜 주고 긍정적인 생활태도를 강화시켜 주는 작용을 한다.

④ 작업치료

가구수리, 목공, 인쇄, 원예, 농산물재배와 가축 기르기, 수예, 편물, 직물 등의 활동적인 생산을 통해 사회 적응능력을 증진할 기회를 제공하고, 작업을 통하여 흥미를 갖게 하고 일에 대한 성취감을 느끼게 함으로써 새로운 용기를 갖게 해 주고 또한 수입을 통해 경제적 비용을 창출하는 등의 치료적 효과를 얻을 수 있다.

그림 3) 편물작업치료   그림 4) 목공작업치료

⑤ 재활치료

회복되었거나 경한 만성증상을 가진 환자가 일반인처럼 사회생활로 복귀할 수 있도록 병원과 사회가 환자치료에 적극 참여하는 치료과정으로 그 방법으로는 사회기술훈련, 환경치료, 직업훈련 등이 있다. 여기에는 사회생활을 하면서 부분병원 입원제를 활용하는 낮 병원과 밤 병원이 있으며, 사회 복귀시설, 정신보건센터 등이 운영되고 있다.

Ⅲ.
의료 급여제도

　의료급여제도는 생계가 어려운 저소득층 국민의 신체적·정신적 건강 유지 및 치료에 많은 기여를 하고 있다. 그러나 이러한 의료급여제도는 한편으로는 만성정신분열증환자들이 장기입원을 하게 되는 원인이 되기도 한다. 대부분의 만성정신분열증환자 보호자들은, 환자들의 가정과 사회에서의 부적응이 두려워 환자들의 치료나 생활을 좀 더 편한 병원에 의지하려하고 하는데, 의료급여환자의 경우 보호자는 환자보호에 대한 심리적 부담뿐만 아니라 입원비용에 대한 부담까지도 덜 수 있기 때문에 환자의 치료형태는 자연히 장기입원으로 이어질 수밖에 없다. (장기입원의 문제점은 이 책의 Ⅰ장에 기술되어있다)

　이 장에서는 우리나라의 의료급여제도에 대해 간단히 살펴보고자 한다.

1. 의료 급여제도의 개요

의료급여는 생활보호 대상자 등 일정 수준 이하의 저소득층을 상대로 그들이 자력으로 의료문제를 해결할 수 없을 경우 국가제정으로 의료혜택을 주는 공적 부조제도로서 의료보험과 더불어 국민의 의료보장정책의 중요한 수단이 되는 사회보장제도이다(문옥륜 외, 2000).

1979년부터 시작한 의료급여제도는 저소득계층의 탈빈곤을 위한 중심적인 의료보장제도로서의 역할을 수행하여 왔다. 그러나 그동안 의료보호 대상자들은 진료지역 및 진료일수에 제한이 있었고 의료이용도 지정된 진료기관에 한정되는 등 의료이용에 상당한 제한이 가해졌을 뿐만 아니라 보호수준도 의료보험의 그것에 비하여 낮은 수준이었다. 그러나 2000년 5월 의료보호법의 의료 급여법으로의 전면개편 및 2000년 국민기초생활보장 제도의 도입에 따라 의료 급여는 생계, 주거, 교육 급여와 더불어 국민의 권리로서 보장받게 되었다. 특히, 1997년에 270일이던 의료 급여 기간을 1998년에는 300일, 1999년에는 330일로 연장하고, 2000년에는 기간제한을 폐지하여 의료이용의 접근을 쉽게 하였다. 그러나 급여 기간 폐지에 따른 의료 급여 대상자의 의료남용 등의 문제가 발생되어 2002년 1월부터 365일로 급여 기간을 다시 제한하였으나, 11개 고시질환에 대해서는 30일을 추가 사용할 수 있고, 복합 상병으로 계속 진료가 필요한 경우 연장승인을 얻어 진료를 받을 수 있으며, 보건소 이용 시 120일까지 급여 일수에서 제외하고 있다(보건복지부, 보건복지백서 2003).

2. 의료 급여 수급권자

의료 급여 수급권자 중 국민기초생활보장법에 의한 수급권자[7]는 1종 및 2종 수급권자로 구분한다. 그중 1종 수급권자는 ① 근로능력이 없는 수급자(18세 미만 63세 이상) ② 미취학 자녀 또는 질병·부상 또는 장애 등으로 거동이 곤란한 가구원이나 치매 등으로 특히 보호가 필요한 가구원을 양육·간병 또는 보호하는 자 ③ 임산부 ④ 장애인 생활시설, 노인의료복지시설, 아동복지시설 등의 보장시설에서 급여를 받고 있는 자 ⑤ 이재민 ⑥ 의상자 및 의사자 ⑦ 국가유공자 ⑧ 북한이탈주민 ⑨ 광주 민주화 운동 관련자 ⑩ 행려환자 등 법령에 규정에 의한 요건을 가진 자이고, 2종 대상자는 근로능력이 있는 수급자(18세 이상 65세 이하)로 구분하여 매년 책정한다.

(표 2) 의료 급여종별대상자 및 선정기준

구분	수급권자	인원 (천 명)	선정기준
			소득인정액
계		1,453	
1종	○ 국민기초생활보장법에 의한 수급자 중 근로능력이 없는 자 ○ 국가유공자, 인간문화재, 이재민 ○ 의상자 및 의사자 유족 ○ 북한이탈주민	867	− 최저 생계비 이하 − 부양의무자 기준 충족
2종	○ 국민기초생활보장법에 의한 수급자 중 근로능력이 있는 자	587	− 최저 생계비 이하 − 부양의무자 기준 충족

(자료) 보건복지부, 보건복지백서, 2003

---

7) 의료 급여의 적용을 받는 자.

3. 의료 급여 기준

진료비부담은 1종 수급권자와 2종 수급권자에 차이를 두고 있다. 1종 수급권자는 외래·입원진료 구분 없이 전액을 의료 급여기금(국고＋지방비로 조성)에서 부담하며, 2종 수급권자는 제1차 진료기관 외래진료 시 진료일당 1,500원(의원 1,000원, 약국 500원)을 본인이 부담하고 나머지는 의료 급여기금에서 부담한다.

입원진료비의 경우는 의료 급여기금과 본인이 85%와 15%씩 각각 부담하되 생계유지가 곤란한 생활보호대상자인 점을 고려하여 본인부담금이 10만 원 이상인 경우 10만 원 초과분은 의료 급여기금에서 대불하여 주고 무이자로 1년에서 3년에 걸쳐 분할 상환하도록 함으로써 국가에 대한 의타심 배제 및 자활의지를 고취시키고 있다.

4. 의료 급여수가

의료 급여사업은 국가재정으로 시행하는 사업이므로, 현행 의료 급여수가 기준은 건강보험수가와는 별도로 고시하여 적용하고 있다. 1990년부터는 의료 급여수가를 건강보험의 행위별 수가체계와 동일하게 운영하고 있으나, 정신질환자에 대한 진료수가, 혈액투석수가 및 사회복지법인 운영 의료 기관에 대한 수가는 정액수가로 별도 운영하고, 건강보험에서 비급여 항목인 식대와 영안실 안치료를 별도로 지급하고 있다.

(표 3) 의료 급여수가 기준

구분		수가 기준
외래	일반	○건강보험진료수가 기준에 의함 -다만, 의료 기관별 가산율은 3차 진료기관 22%, 종합병원 18%, 병원 15%, 의원 11% 적용
	정신	○내원 및 투약 1일당 각각 2,520원 산정
입원	일반	○건강보험진료수가 기준에 의함 -다만, 의료 기관별 가산율은 3차 진료기관 22%, 종합병원 18%, 병원 15%, 의원 11% 적용) -식대 10,170원, 영안실 안치료 3,750원 별도 인정
	정신	○국·공립병원 7,950원 ○지방공사 및 사립정신요양병원 24,910원 ○민간위탁공립정신병원 27,670원 ○사립진료기관 28,600원

(자료) 보건복지부, 보건복지백서, 2003

5. 의료 급여 정신분열증환자

　의료 급여대상자 중 정신분열증환자의 수는 1992년 24,373명이었으나 연도가 지남에 따라 계속 증가하여 1998년에는 32,285명으로 늘어났다 (서수경, 2000).

　국민건강보험공단이 발간한 '2003 의료 급여 통계자료집'에 따르면 2002년 의료 급여정신분열증 입원환자의 수는 31,804명으로 의료 급여 수급자 중 가장 많았고 정부로부터 받는 의료비 또한 알코올 장애환자와 함께 정신분열증환자가 가장 많은 것으로 나타났다. 이는 정신분열증환자로 인한 국가의 경제적 손실을 알 수 있도록 해 주며, 이로써 환자의 재활치료의 중요성을 다시 한 번 일깨워 준다.

Ⅳ.
미술의 창작 과정과 상징성, 그 치유적 힘

1. 미술활동의 창작 과정

  미술활동은 개인이 적극적으로 참여하는 활동이다. 구성하고, 배열하고, 혼합하면서, 만지게 되고, 만들고, 풀칠하고, 붙이고, 색칠하고, 형태를 완성하는 유형의 경험들을 체험하는 것이다.

  엘렌디셔나키(Ellen Dissanayake)는 "무엇을 위한 예술인가?"(What is art for?)에서 미술활동은 독특하고 특별한 물건을 만들고 손으로 창조하는 자연스러운 관심을 의미한다고 하였다. 미술은 역사적으로 인간의 진정한 성향과 욕구를 반영해 왔다. 조각이나 그림으로 독특한 것을 만들거나 그리고 중요한 일을 위해 특별한 의상을 만들기도 했다. 이렇듯 무엇인가를 모방하지 않고 새롭고 독특한 것을 만들어 가는 미술활동의 창작 과정은 그것을 가치 있고 의미 있게 해 주는 만족감과 개인적인 소속감을 줄 수 있으며, 위험한 상황과 실험을 이겨낼 수 있는 용기를 준다. 그리고 이를 통하여 우리는 새로운 기술을 습득하게 되고, 자신의 인생을 풍요롭게 가꿔 나갈 수 있다(최재영 역, 2000).

Joseph Beuys는 "모든 예술 활동과 예술적 도전은 이성적 활동의 비인간적인 특성에 의하여 상처 입은 인간의 창조성을 치유하려는 노력으로 설명될 수 있으며, 예술은 인간의식의 진보적 형성 및 변화를 위한 모근 활동이며 창조성이 부활된 인간은 누구나 예술가라는 점에서 예술은 더 이상 실생활과 분리된 현실의 상징으로 끝나는 것이 아니라 현실을 진보적으로 변화시키려는 통합체가 되는 것"이다(오경선, 2001 재인용). "창조의 개념을 확대시키는 것이 나의 예술에 대한 개념이다. 나는 모든 사람은 예술가라고 말하는데, 이 말은 모든 사람이 자신이 처한 환경에서 자신의 인생내용을 스스로 결정할 수 있다는 뜻이며 창조성을 발휘하는 것은 미술이든, 음악이든, 아픈 사람을 돌보는 일이든 상관없다(Jean Louis Ferrier, 1990)."라고 말한다.

Malchiodi(1999)는 "현대는 개인의 정신을 탐험하고 성장을 돕는 목적으로 미술작품을 활용하려는 노력을 하고 있으며, 개인과 대중 예술 간의 전통적인 경계선을 재평가하는 추세에 있다."라고 한다. Wadeson(1980)은 "예술작품은 사람들에게 자신의 삶의 경험적 반향(echo)으로서 자기노출(self-revelation)이며, 미술치료는 이러한 예술작품을 통하여 자기표현과 발산뿐 아니라 자기의 탐구(self-exploration)를 위하여 이용하도록 돕는 것"이라고 하였다.

미술 과정 중의 자연스럽고 무의식적인 충동에서 나오는 자발적인 활동은 자기 자신이 깃들어 있는 자기 고백의 과정으로 창의적이라 말할 수 있을 뿐 아니라(신연숙, 1994), 활동 그 자체로 치유적 힘을 지니고 있으며, 이는 특정 예술인의 창의적 경험뿐 아니라 누구나 느낄 수 있는 보편적인 현상이라 할 수 있다.

즉 '창조성'이나 '예술'은 일부 예술가만의 독점물이 아니며, 인간 스스로의 자기 치유적인 경험 혹은 미래에 도전하기 위한 집단 무의식적인 인간의 행위로 볼 수 있다(유미, 2008).

미술치료사 Bruse Moon은 미술활동이 정신적 상실감과 존재론적 의미에서의 공허감과 같은 느낌을 극복하도록 도와준다고 하였으며, 심리학자 Rollo may는 미술의 창작 과정이 변화와 성장에 대한 가능성을 제공하고 인간의 충만한 잠재력으로 도달하는 과정, 개성화에 이바지한다고 하였다.

결론적으로 미술활동은 활기를 띠게 하고 활력과 즐거움을 주는 흥미로운 활동이라고 말할 수 있다. 미술활동으로 사람들은 창조적으로 문제를 해결하고 직관을 갖게 되며 자아실현과 함께 좀 더 융통성 있는 태도를 가지게 된다. 또한 그 활동을 통해 새로운 관점과 새로운 표현 방법과 새로운 생각을 탐구하게 된다. 그리고 우리는 자신을 변화시킬 수 있게 된다. 즉 미술 창조는 우리의 삶을 향상시킨다(최재영 역, 2000).

2. 미술의 상징성

상징이란 감각적인 것을 통해서 그 의미를 드러내는 현상으로서 인간 의식 체계의 고유한 특성이자 예술의 의미를 규명하는 미학의 중요한 개념이다(박일호, 2007).

Cassirer는 그의 책 『인간론(An Essay on man)』에서 인간과 동물을 구분 짓는 특성으로, 인간은 상징체계를 통해 세계를 이해한다는 점을 든다. 외적 자극에 대한 동물의 반응이 직접적이고 즉각적이라면, 인간의 반응은 동물의 그것보다는 지연되어 나타난다. 이는 인간의 반응에는 복잡한 사고 과정이 개입되고, 그 사고과정에 의해 만들어진 상징체계가 개입되기 때문이라는 것이다(Cassirer, 1923; Buchgesellschaft, 1964; Manheim, 1953). 그리고 이런 근거에서 Cassirer는 인간은 신화, 예술, 언어, 종교 등과 같은 상징의 세계에서 살며, 인간은 사물들의 세계와 직접 대면하면서 그것을 다루거나 이해하는 것이 아니라 인간이 만들어 낸 신화적 상징, 예술적 이미지, 언어, 종교적 의식 등과 같은 매개물을 통해 세계를 바라보고 이해한다고 한다(박일호, 2007).

미술에 있어서의 상징이란 우의성(優毅性)·속성 등 어떤 의미를 가지는 도상이라고 말할 수 있다. 도대체 인간이 어떤 동기에서 미술작품을 제작했을까? 그 제작의 동기나 목적에 대해서는 오랫동안 논의되어 왔다(이영화, 1990).

원시 미술의 동굴벽화는 사냥의 성공과 풍요를 기원하는 주술적인 의미를 지니고 있고, 절대적인 왕권과 자연숭배에 의한 거대한 미술을 이룩한 이집트 미술은 영혼 불멸의 사상을 밑바탕으로 하고 있으며, 고딕 미술의 높은 첨탑과 뾰족한 지붕 등은 수직선을 강조하여 신을 향해 상승하고자 하는 인간의 염원을 나타내 주고 있다(임승룡, 1994).

Fontana는 이러한 미술의 역사가 바로 인류에게 의미가 있는 상징의 기록이라고 말하고 있다. 특히 인간에게 문자가 생기기 전부터 존재한 그림은 바로 인류의 역사와 문화의 흔적을 가리키며, 그 시대를 이해할 수 있는 중요한 역할을 한다. 즉 그림에 나타난 형상들은 화가의 그림이든 일반인의 그림이든 그 시대의 정신을 상징한다는 것을 우리는 알고 있다. 이렇듯 미술은 인간의 역사를 기록하는 한편 우리의 사상과 감정, 꿈과 열망을 통합해 왔다. 미술은 최상의 기쁨에서 가장 슬픔까지, 승리에서 상처까지의 폭넓은 감정을 기록하며 전달한다. 이러한 의미에서 미술은 뜻을 통하게 하고 이해할 수 있게 하며, 언어를 사용하지 않고도 내적인 경험을 명확히 하는 방법으로 사용된다. 이러한 미술의 상징성은 시대와 문화를 초월하는 힘을 가지고 있는데, 그것은 미술(그림)이 인간 최초의 단일 언어이기 때문이며 공통 언어이기 때문이다(정여주, 2002).

미술치료에 있어 이러한 상징을 읽어 내는 것은 치료과정에서 매우 중요한 역할을 한다. Freud와 Jung은 인간의 무의식이 표출되는 꿈, 백일몽이나 그림의 상징성들을 다루고 있는데, 특히 융 학파는 그림의 상징성에 대한 연구를 통하여, 그림은 인간의 집단 무의식에서 나온 인간 영혼의 방향이며, 그 시대의 종교, 사회, 문화적 인식과 가치의 상징이 될 수 있다고 본다(이윤기 역, 1996). 그러나 미술치료에 나타나는 다양한 요소들을 일반적인 상징에 맞추어 일률적으로 경직되게 해석하는 것은 치료에 있어 매우 위험한 요인이 될 수 있다. 가장 중요한 것은 그러한 요소들이 주는 의미는 무엇보다도 먼저 각 개인의 의도와 상황에 달려 있다는 것을 수용하고, 환자나 내담자와의 대화를 통하여 그들이 표현한 상징 등의 의미를 파악하거나 재인식하는 것이다(이윤기 역, 1996).

3. 미술치료의 개념과 역사

그림을 그리고 조각을 하고, 그 외의 여러 형태의 미술작업은 괴롭고 고통스러운 감정으로부터 안도감을 주는 정화를 가능하게 한다. 심한 스트레스 상황에 놓인 사람들이 내면적 갈등을 표현하고 변형하는 방법의 하나로 미술작품을 만든다는 것은 역사를 통해 알 수 있다. Vincent van Gogh를 비롯한 여러 화가들의 창작 작업이 이러한 사실을 증명해 주고 있다(Malchiodi, 2000).

창작 활동을 통해서 개인과 집단의 안녕을 기원하는 활동은 인류가 생성하는 그 순간과 더불어 시작되었다. 고대 샤만의 주거지였던 동굴 속에서 찾아볼 수 있는 주술적인 목적의 암각화, 부적, 무속화 등과 상징적인 색상을 이용하여 치병을 한 경우로 한국무당들이 오방신장기[8] 이용으로 공수를 하는 것, 나바호족 인디언이 모래 그림을 이용하는 행위 등은 자신들의 염원을 어떤 상징화 작업을 통해 표현한 것으로 치료적 의미가 부가된 것이라고 볼 수 있다(김진숙, 1993).

---

[8] 오방신장기 – 다섯 방위를 지키는 다섯 신인 오방신장에서 응용한 깃발. 동쪽의 청제(靑), 서쪽의 백제(白帝), 남쪽의 적제(赤帝), 북쪽의 흑제(黑帝), 중앙의 황제(黃帝)이다. 깃발의 색깔에 따라 길흉을 점친다.

그림 5) 울산 반구대 암각화

암각화란 선사인들이 자신의 바람을 기원하는 마음으로 바위에 새긴 그림을 말한다. 울산 반구대 암각화에는 육지동물과 바닷고기, 사냥하는 장면 등 총 75종 200여 점의 그림이 새겨져 있다. 육지동물은 호랑이, 멧돼지, 사슴 45점 등이 묘사되어 있는데, 호랑이는 함정에 빠진 모습과 새끼를 밴 호랑이 모습 등으로 표현되어 있다.

멧돼지는 교미하는 모습을 묘사하였고, 사슴은 새끼를 거느리거나 밴 모습 등으로 표현하였다. 바닷고기는 작살 맞은 고래새끼를 배거나 데리고 다니는 고래의 모습 등으로 표현하였다. 사냥하는 장면은 탈을 쓴 무당, 짐승을 사냥하는 사냥꾼, 배를 타고 고래를 잡는 어부 등의 모습을 묘사하였으며, 그물이나 배의 모습도 표현하였다. 이러한 모습은 선사인들의 사냥활동이 원활하게 이루어지길 기원하며, 사냥감이 풍성해지길 바라는 마음으로 바위에 새긴 것이다. 구석기시대 동굴벽화 이래로 사람들은 심리적인 목적으로 그림을 사용해 왔는데, 동굴벽화에서 그림들은 종교나 신화 목적에 봉사하는 것으로 믿어졌으며, 심리적으로는 사냥꾼의 마음을 성공적으로 사냥할 수 있도록 준비시킨다고 믿었다. 이러한 염원을 그림으로 나타내는 것은 치유 형태의 한 부분을 차지하며, 미술치료의 기원으로 보고 있다(신연숙, 1994).

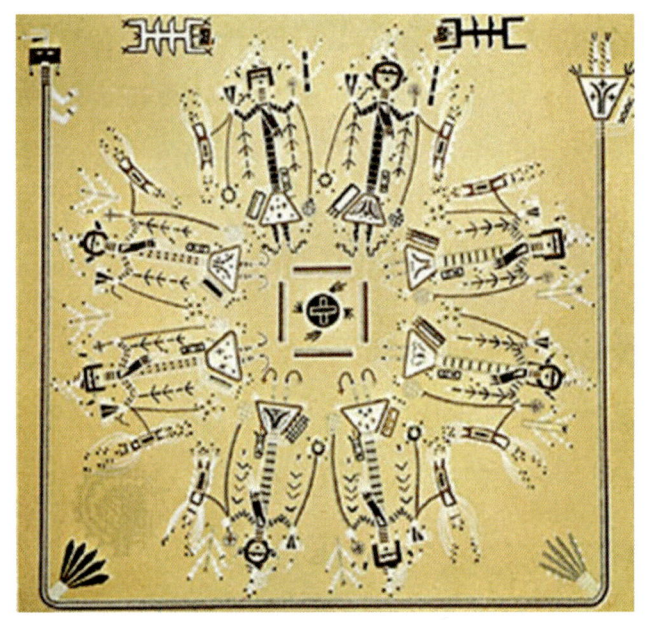

그림 6) 인디안 나바호족 모래 그림

인디안 나바호족의 가장 중요한 행사는 종교의식과 종족 번성의 중요한 기일인
소녀들의 생리 시작일로, 모래 그림을 그림으로써 이를 기념하였다. 주된 내용은
신화에 나오는 신과 동물·식물·산·해·무지개·번개 등을 비롯하여 여러
가지 상징을 다양하게 표현했다. 모래 그림은 치료의식이 끝나면 없애 버리는데
인디언들은 이 그림을 신의 염력이 왔다 가는 영원한 세계라고 믿었다. 이 역시
미술치료의 기원이라 할 수 있다(덴버 예술박물관 소장).

이렇듯 미술이 지니는 치료적인 힘은 많은 문화를 통하여 오래전부터
널리 알려져 왔으나, 임상차원의 치료적 접근으로 미술을 인식하게 된 것
은 그리 오래되지 않는다.

미술활동과 그 활동의 부산물인 미술작품이 치료적인 잠재력을 갖는다
고 본 것은 19세기에 들어와서이다(신연숙, 1994).

1887년 Dewy는 완전하게 조화로운 자아를 만드는 미술의 능력에 대해 이렇게 기술하였다.

> "다양한 Fine art(조각, 건축, 그림, 음악 그리고 시)는 마음의 이상을 적절하게 표현하기 위한 마음의 계속적인 시도들이다. 좀 더 정확하게 말하자면, 완전하게 조화로운 본성, 즉 감탄할 수 있는 무엇인가에 한 사랑과 요구를 만족시킬 수 있는 것을 적절하게 만드는 것이다(Packard, 1980)."

1907년 이래로 미국에서는 정신과 병동에서 환자들이 미술가들의 지도를 받으며 미술활동을 하였고, 독일의 정신병원에서도 환자의 치료에 미술활동을 활용함으로써 그 효과를 인정하게 되었다. 이후 독일에서는 미술치료가 작업치료의 한 부분으로 받아들여져 미술활동이 환자의 심리에 접근하는 데 중요한 의미가 있음을 확인하였다.

이와 관련하여 유럽에서는 19세기 후반부터 프랑스와 이탈리아 등의 정신과 의사 및 법의학자인 Tardieu, simon, Lombroso는 정신병자들의 그림에 대한 글을 기고하기도 했다(Dally, 1986).

이처럼 미술치료행위가 치료적 측면에서 관심을 보이기 시작한 것은 19세기 후반 프랑스, 이탈리아의 정신과 의사들이 아동과 정신질환자들이 그림에 관심을 보임으로써 그림과 환자의 상황과 연관이 있음을 인식한 것이 최초였다(정여주, 2003).

특히 Prinzhorn은 자신이 근무했던 독일 하이델부르크 병원에서 1919~1921년까지 약 3년 동안 환자들이 그린 그림, 소묘, 콜라주 등을 수집하여, 1922년 『(Die Bildenerei der Geisteskranken) - 정신병자의 그림』이라는 책으로 출판하고, 미술활동이 환자들의 심리에 접근하는 데 중요한 의미를 지니

고 있다는 것을 제시하였는데, 이것은 정신과 의사들과 전문예술가들로 하여
금 정신병과 예술에 대한 그들의 관념을 제고하는 계기가 되었으며(정여주,
2003), 이후 Jean Dubuffet의 Art Burt[9] 이론을 확립하는 데 큰 영향을 주었다.

그림 7) 요세프하인리히 作 색다른 바다

    Prinzhorn이 수집하였던 정신질환자의 그림. 수평선의 표현이 무척 독특해 보인다. 이렇듯 정신
질환자의 그림이 눈길을 끄는 이유는 일반인과는 조금 다른 그들만의 정신세계가 존재하기 때문
이며, 이러한 창의적인 표현은 예술적 가치를 인정받기에 충분하다.

---

9) Art burt란 세련되지 않고 다듬어지지 않은 거친 형태를 지닌 미술을 지칭하며, 프랑스 화가 Jean
   Dubuffet가 1945년에 만들어 낸 용어이다. Dubuffet는 어린이나 정신병자 또는 소박한 미술가 등 교
   양이나 전통적 미술에 거의 영향받지 않은 사람들에 의해 무의식적이고 자발적으로 그려진 그림이 고
   도로 훈련되고 의도적인 직업 화가들의 작품보다 훨씬 솔직하고 창조적인 요소를 지니고 있다고 주장
   하면서 이러한 특성을 하나의 기법으로서 도입하였다. 따라서 Art burt는 처음에는 반교양주의적, 반문
   화적, 반예술적인 입장을 가리켰으나 후에는 종말에 달한 서구의 지적 풍토를 재생시키기 위한 기폭제
   로서 인정되었다.
   제2차 세계대전 직후부터 Dubuffet는 정신병자, 어린이 그리고 교육받지 못한 이들의 그림을 계통적으
   로 수집하여 1947년에 Drouin 화랑에서 전시를 열었고, Art bur에 대한 많은 강연을 하였다.

미술치료는 무의식의 상징화에 대한 중요성을 부각시킨 Freud와 Jung
의 역할이 컸던 현대 정신의학과 함께 성장해 왔다. Freud는 환자들이 자
신들의 꿈에 대해 그림을 그릴 순 있지만 말로 표현하기는 힘들다고 했
으며, 이런 보고는 미술표현이 인간 정신의 내면세계를 이해하기 위한 길
이 될 수 있다는 믿음을 주었다. Freud는 자신이 직접 그림을 그리지는
않았지만 그의 임상에 미적인 개념을 도입했을 뿐만 아니라 문학과 미술
에 대한 연구를 통해 자신의 많은 이론들을 끌어냈다.

Freud에게 치료의 목적은 지식을 통한 자유였다. 즉 자기 자신에 대한
자기의 지식이 완전할수록 인간은 좀 더 이성적일 수 있다는 것이다.

미술치료에 대한 그의 공헌은 의식을 넘어선 개인적인 상징체계의 이
해를 통해서만 알 수 있는 심리적인 기능에 대한 개념의 소개, 그리고 그
의 신경증적인(neurotic) 시각과 창의적인 과정에 대한 이해와 사용이었는
데, 그의 제안은 미술치료에서 2가지 중요한 접근 방법을 알려 주었다(신
연숙, 1994).

첫째, 미술작품분석은 환자에 대한 정보의 중요한 자료가 된다.

"환자의 환상에 표현된 무의식, 백일몽, 그리고 공포는 말보다 그림으
로 더욱 즉각적으로 투사된다."

둘째, 창의적 활동으로 인간의 분열되고 혼란한 마음을 다시 통합시키
며 치료하는 힘으로써 사용하는 것이다.

한편, Jung은 미술에 대한 개인적 관심으로 꿈을 그림으로 나타내고 탐
구하며, 조각을 하고 그림을 그렸다. Jung은 Freud와 달리 보편적인 의미
로서 이미지를 다루었고, 이미지와 정신과의 관계를 중요하게 인식하였다.

Jung은 미술이 자기이해와 감정에 접근하는 방법을 제공한다고 하며, 꿈, 기억, 이야기 그리고 미술이 무의식에 숨겨진 이미지들을 끌어낼 수 있다고 하였다. Freud와 Jung이 꿈과 미술에 대해 해석한 이미지 설명들은 정신치료 단체들의 관심을 끌었고, 정신 분석가들이 미술표현에 대해 관심을 갖도록 유도하였다(Malchiodi, 2002).

이미지는 잊히거나 억압된 기억을 나타내며, 상징은 꿈이나 미술작업을 통해 드러난다는 Freud의 주장은 미술을 통한 표현이 인간의 내면세계를 이해할 수 있는 근거가 되었다고 할 수 있다.

이후 1920년대 중반에 환자의 치료에 대한 기술에 'art therapy'라는 용어가 사용되기 시작하였다.

현재의 미술치료에 가장 영향을 미친 사람은 20세기 초반 Simon이었는데, 그는 환자들에게 치료활동으로서 일, 무용, 운동, 미술 등을 사용하였다. 그 후 Levy는 어린이 심리치료에 미술을 처음으로 시도하였다.

1940년대 Naumburg가 Freud의 정신분석치료에 입각한 미술표현을 도입함으로 미술치료의 새로운 영역을 개척하였다. 그녀는 환자들에게 자발적인 자유연상을 그림으로 표현하도록 하였으며 상징성을 통한 치료사의 해석을 목표로 하여 미술을 치료과정의 도구로 보았는데, 따라서 미술치료의 효과는 환자와 치료사 간의 전이관계(Transference relationship)의 발달, 미술재료를 통해 자유연상을 하는 환자의 능력, 환자와 치료사 간의 상징적 대화를 이루는 이미지를 해석하는 환자의 능력에 따라 좌우된다(Gumaer, 1990).

이후 1950년대 Kramer가 등장하면서 미술치료 개념의 양극화가 일어났다. Kramer는 Naumburg와는 달리 상징성을 통한 해석보다는 환자의 미술활동의 창조적 행위 그 자체에 치료적 가치를 두고 미술치료사의 입장은 해석이 아닌 환자의 부정적 감정이나 욕구를 통합하고 승화할 수 있게 도와주는 역할이라고 주장했다.

"미술치료사는 승화(sublimation)의 과정을 돕는 사람이다. 이것은 자아에 의해서 행해지는 통합과 합성의 생동인데, 거기에서 의식과 무의식의 독특한 혼합이 일어나며, 우리는 그것을 바로 미술이라고 부른다." - Kramer (Packard, 1980)

그녀는 언어적 영향이 없는 창조적 과정 자체의 치료적 효과를 중시했다. Kramer(1958)는 집단 미술치료에서 미술치료사는 화가, 교사, 치료자 세 가지 역할을 한다고 보았다(Gumaer, 1990).

Naumburg, Kramer의 대립되는 접근은 Ulman에 의해 통합되기 시작했는데, 그녀는 임상가로서 Naumburg, Kramer와 함께 프로이드의 정신분석적 틀 안에서 인간의 내적 갈등과 승화라는 중요한 두 개념을 미술치료로 가져왔다. Ulman(1961)은 미술치료에 대한 포괄적인 정의를 내리려고 시도하면서 미술을 치료의 도구로 사용하려는 Naumburg의 입장과 미술 창작 과정 그 자체를 치료적인 효과로 보았던 Kramer의 입장을 통합하려 노력하였다(한숙자, 2002). 이러한 절충적인 미술치료 접근법은 미술치료의 확립과 발전에 주도적인 역할을 하였다.

1970년대 접어들어 미술치료계는 몇 가지 변화가 이루어졌다. Kwiatko-aska(1978)는 Kramer의 집단 미술치료를 가족 간의 역동적 심리관계를 강조하는 가족집단치료에 응용시켰으며, Rhyne(1973)는 미술을 정상적인 집단에 적용시켜, 내담자로 하여금 자신을 표현하고 지각하며 집단 간의 상호작용을 원활히 함으로써 자신의 삶을 풍부하고 폭넓게 하는 데 도움이 되도록 하는 원리를 제공하였다. 이러한 미술치료사들의 노력은 환자들의 미술치료에 구체적인 접근 방법을 제시하며, 그 영역을 확장시켰다.

현재 미술치료는 미술과 치료 모두를 전달하는 광범위한 활동을 포함하는 포괄적 용어로 인식되고 있다. 의사전달이나 통찰이 예술적 창조행위보다 선행할 수도 있고, 또 그 반대가 될 수도 있다(Gumaer,1990). 무엇보다도 치료를 성공적으로 진행시키기 위해서는 치료적 과정과 예술적 과정이 서로 잘 협력하여 이루어져야 할 것이다.

미술치료의 발전과 그에 대한 필요성은 19세기 후반 산업화의 발전으로 노동과 생산형태가 변하면서, 인간 개인의 생활양상뿐만 아니라 그로 인한 인간성까지 변질되어 가는 사회적 현상에 근거한다고 볼 수 있다. 산업화에 따른 기계문명의 발전은 인간의 합리적 사고와 분석적 능력을 높이 평가하도록 만들었으며 이러한 시대적 현상에 따라 인간은 급변하는 환경에 적응하는 데 어려움을 겪을 뿐만 아니라, 사회에서 개인의 존재는 점차 수단화되고 소외되어 가는 상황을 직면하게 되었다(정여주, 1999).

즉 기술의 발달만큼 인간의 정신병리적 현상도 증가하게 된 것이다.

미술치료의 역사는 이처럼 기계문명이 중시되는 사회현상에 대한 비판과 인간에 대한 철학적, 심리적, 교육적 고찰의 변화와 더불어 동시에 예술의 역할에 대한 탐구도 새로운 국면을 맞이하게 되면서 이루어지게 되었다고 할 수 있다. 미술 분야에서는 미술이 '인간을 위한 예술'로서 치유적 역할을 할 수 있다는 관점을 갖게 되면서, 미술치료라는 독립된 영역이 만들어지게 된 것이다(정여주, 2003).

이와 같은 역사 속에 자리한 미술치료는 오늘날 병원뿐만 아니라 재활, 상담, 노인시설, 사회시설, 교도소, 복지관 등에서도 널리 적용되고 있으며,

이를 위한 다양한 치료법이 예방적·교육적·임상 치료적 자원으로 발전되고 있다.

미술치료에 대한 정의와 그 접근 방법은 학자들 간에 다소의 차이가 있기는 하지만 미술치료가 갖는 공통적인 장점은 다음과 같다(대한신경정신의학회, 1997).

첫째, 그림은 심상을 표현함으로써 개인의 핵심적인 내적 경험이나 꿈, 환상 등을 나타내는 데 언어보다 유리하며, 언어보다도 의식적인 조작이 어렵고 자아의 검열을 덜 받기 때문에 무의식의 내용이나 갈등을 파악하는 데 더욱 용이하다.

둘째, 자신을 그림으로 표현함으로써 객관적으로 볼 수 있으며, 그림은 사라지지 않으므로 나중에도 개인은 그 당시의 감정을 재체험할 수 있고 자신의 발전과정을 깨닫게 한다.

셋째, 공간적으로 모형으로 표현할 수 있고 보다 더 창조적인 힘을 제공한다.

넷째, 창조적인 활동은 카타르시스나 승화과정을 통해 개인에게 도움을 주고 쾌감과 환희를 경험하게 할 수 있다.

다섯째, 그림을 통해 자신의 나이에 맞는 사회적으로 가치 있는 작업에 자기애적인 에너지를 방출할 수 있다.

여섯째, 전이(Transference)[10]의 해결이 다른 정신치료에서보다 빠르다.

일곱째, 그림기법에서는 가족 구성원 간의 얼굴을 쳐다보지 않고 그림

---

10) 아동기 동안에 중요한 사람들과의 관계에서 경험했던 느낌, 사고, 행동유형이 현재 맺고 있는 다른 사람들과의 관계로 전치된 것. 이 과정은 대체로 무의식적인 것이기 때문에, 환자는 전이에서 나타나는 태도, 환상, 그리고 사랑, 미움, 분노와 같은 감정의 다양한 원칙들을 지각하지 못한다(미국정신의학회. 이재훈 역. 정신분석용어사전. p.434).

을 보기 때문에 어떠한 저항도 참고 극복해 나갈 수 있다.

미술치료는 학자에 따라 여러 가지 의견이 있을 수 있고, 접근 방법이나 적용대상에 따라 정신요법적 미술치료, 재활적 미술치료, 레크리에이션 미술치료 등으로 나누기도 하지만, 결국 이미지 표출과정에 있어서 비언어적인 커뮤니케이션 기법으로서의 우위를 차지하고 있다. 이 기법을 반복적으로 시행함에 따라 언어적 이미지와 시각적 이미지에서 지금까지 상실, 왜곡, 억제되어 있는 상황에서 보다 명확한 자기상, 자기 자신의 세계관을 재발견하여 자기 동일화, 자기실현을 꾀하게 된다고 보는 것이다 (Wadeson, 1980).

세계보건기구(WHO)는 "건강이란 신체적, 정신적, 그리고 사회적 안녕을 이룬 상태이며, 병과 결함이 없다는 것만을 의미하는 것이 아니다."라는 입장을 취하고 있다. 이는 건강이 꼭 육체적인 건강만을 의미하는 것이 아니라는 것이다.

이런 시각에서 볼 때, 미술치료 역시 육체적인 증상을 치유하는 것뿐 아니라, 인간의 정신건강을 위한 예방적ㆍ 자기 개발적 차원에서 발전되어 나가야 할 것이다.

V.
정신분열증환자의 미술치료

1. 정신질환과 미술치료

정신질환자의 그림에 대한 의학적 관심은 프랑스 법의학자 Tardieu(1872)가 처음으로 정신질환자의 그림을 관찰하고 소개한 이후부터 시작되었다. 이후 Simon(1876)은 정신병환자의 회화를 체계적으로 연구하여 정신질환자의 그림과 원시인의 그림, 어린이의 그림과의 유사성을 기술하였다.

또한 Mohr(1906), Prinzhorn(1922), Reitman(1952), Kris(1952) 등이 정신질환자의 그림에 나타나는 특성 및 역동성·창조적 행위에 대해 심리학적 규명을 연구·발표하였으며, 그 결과를 바탕으로 그림의 진단적 중요성을 강조하였다.

1970년대부터는 본격적으로 정신질환자의 미술치료에 대한 효과성이 대두되기 시작하였는데, Moriatry(1976)는 매주 1회 30분간의 콜라주 작업과 1시간의 작품토론이 미술치료에 참여했던 환자들의 자율성, 자기표현,

대인관계, 현실 검증력, 자주성 및 자아상의 향상에 효과가 있음을 보고하였으며, Averch(1982)는 지역사회 정신질환자를 대상으로 인지발달 미술치료로서의 미술치료를 적용시켰는데, 그 연구결과 연구대상자 모두 행동조절, 성욕 및 분노와 같은 정서적으로 긴장된 문제에 직면하는 능력, 작업수행 능력, 배려심 등이 증가되었다. Marinich(1976)는 입원한 정신분열증환자를 대상으로 미술치료를 적용시킴으로써 환자들의 통찰력과 사회적 기술능력, 질병상태가 호전되고 그들이 가진 만성적 불안이 경감되는 효과를 보였다고 보고하고 있다.

우리나라에서 정신질환자 그림에 대한 관심은 1970년대 초부터 시작되었으며, '한국임상예술학회'와 '한국미술치료학회'를 중심으로 이루어졌다. 그간의 주요 연구로는, 김이영, 한오수(1972), 주명진(1979), 기정희(1982), 김영진(1983) 이부영, 이택중(1983), 노명래(1998) 등의 정신질환자의 회화의 특징에 대한 고찰, 이부영(1983)의 정신질환자의 회화의 상징성에 관한 고찰, 김주영(1981), 노명래, 박현자(1986) 등의 회화요법과 그 분석법에 대한 연구, 이부영(1997)의 그림과 정신병리에 대한 연구 등이 있으며, 이를 바탕으로 이후 정신질환자의 미술치료에 대한 연구가 활발히 진행되었다.

최외선, 박미현(1998)은 미술치료가 정신분열증환자의 자존감 향상에 효과가 있음을 보고하였으며, 최현진(2005)은 사회기술능력과 환자의 증상에 효과가 있음을, 유미, 신동근(2005)은 집단 미술치료가 만성정신분열증환자의 대인관계능력 및 자존감을 크게 향상시켰으며, 전반적인 '삶의 질(quality of life, QOL)'을 향상시킴을 보고하였다. 이처럼 정신질환자의 미술치료에 대한 효과성은 여러 측면에서 긍정적 결과를 보여 주고 있다.

정신분열증환자들을 위한 미술치료를 계획하기 위해선 정신분열증환자들에게 적절한 미술활동에 대한 고찰이 필요할 것이다.

　　정신분열증환자들에게 그림을 그리게 하기 위해선 특히 신중한 접근이 요구된다(정여주 역, 2000). Riedel에 의하면 그들은 자신의 분열된 부분을 그림으로 표현하는 일이 자신에게 다가가는 기회가 된다는 것을 지각하면서도 동시에 두려워하는 경향이 있는데, 이것은 환자들에게 있어서 자신의 어떤 부분을 분열시키는 것은 불안을 방어하기 위해 우선적으로 필요하기 때문이다.

그림 8) 정신보건센터 집단 미술치료

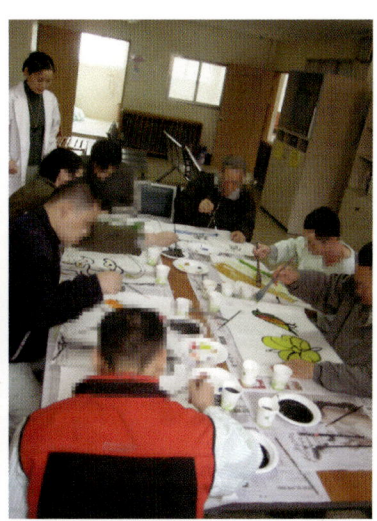

그림 9) 폐쇄병동 집단 미술치료

일반적으로 정신분열증환자들의 미술치료는 집단 미술치료로 이루어진다. 대부분 병의 만성화로 사회에 소속되어 있지 못하고 대인관계에 대해 많은 어려움을 느끼고 있기 때문이다.

따라서 미술치료는 치료과정 동안 적절한 피드백을 통해 집단 간의 상호작용을 유도하며 진행된다.

어떤 환자에게는 주제나 생각에 대한 미술작품을 만들도록 하기 위해 치료사가 방향을 제시하기도 하지만, 환자들은 주로 집단 내에서 자신의 개인적인 미술작품을 하며, 즉흥적이거나 비지시적인 표현을 만들어 낸다. 그러나 환자들의 저조한 기능 때문에 상호 작용하는 일이 드물다. 따라서 미술치료사는 집단 구성원 개개인을 적극 지지해 주고, 관심 있게 대해 주면서 미술작업 중에 상호작용을 유발하는 역할이 요구된다(최현진, 2004: Malchiodi, 2000).

또한 정신분열증환자들의 미술활동은 예술이 본질적으로 '인지적'이라는 Goodman의 사상을 받아들일 만하다. 이는 미술을 일종의 지적 활동으로 볼 수 있는 예술론과 맥을 같이한다(김수현, 2007).

Goodman의 저서 『예술의 언어들』의 중심 명제는 예술이 인간 이해의 한 가지 기호 매체이며 과학 등의 다른 연구방식과 함께 계몽적이라는 인간적 요청을 공유한다는 것이다. 그는 자신의 신념에 따라 미술교육의 정당성을 주장한다(Goodman, 1989).

"예술은 한낱 오락이 아니라 과학처럼 우리의 주변을 이해하는, 나아가 구성하기도 하는 방식이며, 따라서 예술은 전체 교육과정에서 필수 불가결한 요소다."

Goodman에 따르면 교육이 추구하는 인간 발달에는 다양한 언어적 혹은 비언어적 기호체계들을 습득하기 위한 과정이 포함되며, 따라서 일종의 비언어적 기호체계인 예술을 교육한다는 것은 예술 언어를 효과적으로 구사하고 해득(解得)할 수 있는 능력을 기르는 것이다. 즉 이러한 결론은 일반인뿐만 아니라 정신분열증환자들에게도 적용되어, 그들의 인지기능을 향상시킬 수 있다는 가설을 제기하도록 한다.

또한 이것은 구체적인 활동뿐만 아니라 그림을 감상하고, 토론하는 과정에서도 야기될 수 있다. 그리고 이와 같은 미술활동이 가진 가장 큰 장점은 그것이 우리의 모든 감각을 자극할 수 있다는 데 있다.

2. 정신분열증환자의 그림에 나타나는 일반적 특성

정신분열증환자들의 미술치료 과정에 나타나는 변화를 관찰하기 위해선 그들의 그림에 나타나는 일반적인 특성을 파악하는 것이 중요하다. 환자들의 그림은 그들이 가진 병리적 현상으로 인하여 일반인의 그림과는 다른 독특한 모습을 보이고 있는데 이는 지각의 장애와 관련된 것으로 생각된다.

Gombrich는 사실적인 그림제작은 관습적인 또는 관례적인 도식(conventional scheme)을 만들어 낸 후, 그것을 지각 경험에 비추어 끊임없이 수정하면서 재현 대상에 맞추어 나감으로써 점차적으로 등가물(等價物)을 창출해 내는 도식과 수정의 리듬으로 이루어진다고 한다. 즉 회화적 재현은 시각적 관찰이 아니라 도식의 선택에서 출발하며 이때 시각은 선택된 도식에 의해 결정된다는 것이다(오종환, 2007). 따라서 지각의 장애를 보이는 정신분열증환자들이 재현에 의해 일반인과 같은 표현을 보이기는 힘들 것으로 보이며, 나름대로의 독특한 방식에 의해 재현되리라 추측할 수 있다. 그리고 그 재현에는 시각적으로 이루어지는 모든 것들이 포함된다(예: 구도, 색상, 비례, 반복 등).

Prinzhorn과 Navratil이 보고한 정신분열증환자 그림의 특성은 다음과 같다(최현진, 2004).

1) Prinzhorn이 보고한 정신분열증환자 그림의 특성

① 장난의 경향성

그림의 전체적인 조화나 그리는 대상과 관계없이 충동에 의해 낙서하듯 그림을 그린다.

낙서 그림을 그리는 환자들의 대부분은 그것이 일회적이지 않고 매번 그림에 글과 글자를 등장시키는데, 낙서 그림은 개인의 병리적 에피소드로 인한 현상으로서의 반복적 행위로 보인다(김숙영, 2005).

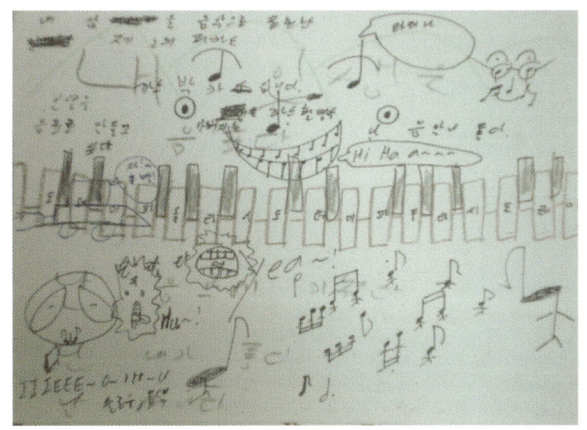

그림 10) 울타리 / 남 27

음악을 좋아하는 한 정신분열증 환자의 그림. 주제와는 상관없이 낙서하듯 충동적으로 그려진 그림이다. 그림을 보노라면 빠른 템포가 느껴진다. 이처럼 환자들의 그림은 계획성보다는 충동에 의해 그려지는 경우가 많다.

② 장식의 경향성

환경을 풍성하게 하려는 욕구에 의해 장식적인 요소나 무늬를 그린다.

그림 11) 자유화 / 여 32

장식적인 무늬가 들어간 환자의 작품. 이러한 무늬는 기하학적인 형태부터 구상적인 무늬까지 다양한 패턴으로 나타난다.

③ 모사의 경향성

다른 사람의 그림을 그대로 따라하여 그리는 경향을 보인다.

그림 12) 바다 / 남 33

그림 13) 바다 이야기 / 남 37

　용지 크기는 다르지만 위의 (그림 12)은 (그림 13)를 모방하여 그린 그림이다. 이렇게 모방에 의한 작업은 환자들의 작업에 자주 보이며 어느 정도 지속된다. 그러나 미술치료에 참여했던 환자들의 사례를 보면, 미술치료 참여 후에는 모방이 아닌 창의적인 작업이 많이 이루어지는 것을 볼 수 있다. 이 역시 미술치료의 효과라 말할 수 있다.

④ 질서의 경향성

그림의 전체 또는 부분에서 대칭, 리듬, 규칙이 나타난다.

대칭성은 게슈탈트 이론의 기본적인 원리 중의 하나이다. 대칭성의 결여는 피검사자의 불안정감을 나타내며, 신체적 면에 부적응감을 가지고 있음을 나타낸다. 그러나 좌우 대칭이 너무 지나쳐서 경직된 인상을 주는 것은 강박적이고 충동의 표현을 통제하며, 타인과 거리감을 두고 접촉하는 경우 혹은 지나친 억압과 지적 만족을 추구하는 것으로 생각된다. 경직된 대칭성은 우울한 사람에게 자주 보이고, 기계적이고 형식적이며 기괴한 대칭성은 망상형 정신분열증환자에게 보인다.

지나친 자발성 때문에 주의가 산만해지고 통제력을 갖지 못하는 조증이나 히스테리성 환자는 대칭성을 무시하기가 쉽다(김동연 외, 2002).

그림 14) 풍경 / 남 48

그림 15) 창문 / 여 39

⑤ 전달의 욕구

인식하고자 하는 욕구 또는 불확실성에 대한 두려움을 극복하고자 하는 노력을 반영하는 현상으로 그림에 대한 설명, 소제목, 단어 등을 적어 넣는 경향이 있다.

이러한 경향은 유·아동의 작품에 많이 보이는데, 이는 자신이 그린 그림을 타인이 알아보지 못할 것이 두려워서 혹은 그 내용을 전달하고자 하는 강한 욕구 및 퇴행에 의한 것으로 추측된다. 실제로 아동의 경우 자신의 그림에 학교, 학년, 반, 번호, 이름 등을 기입하는 경우가 많은데, 환자들 역시 현재 입원해 있는 병원 명칭, 병동 및 병실 호수 등을 기입하는 경우를 종종 볼 수 있다.

그림 16) 나무 / 51 여

그림 17) 이집트공주 / 여 34

⑥ 상징의 경향성

그림에 상징적인 요소들이 자주 출현하거나 그림 전체가 하나의 상징이 되기도 한다. Jung(1989)은 어떤 개념이나 그림이 그 자체보다 더 많은 것을 의미하면 그것은 상징이라고 하였으며, Riedel(1991) 또한 어떤 그림이 그린 대상보다 더 많은 의미를 내포하면 그 그림은 상징이라고 하였다. 그림에 나타나는 상징은 환자 개인의 정신분열증을 이해하는 데 많은 도움을 줄 수 있다.

그림 18) 자유화 / 여 45

그림 19) 나의 감정들 / 여 45

환자들의 그림에는 각기 '상징'이라 표상할 수 있는 내용이 자주 보인다. 그 '상징'은 일회성이 아닌 자주, 지속적으로 등장하게 된다. 치료사가 그것을 한눈에 간파하기란 힘들다. 또한 환자의 히스토리를 정확히 알고 있어야 가능하다. 위의 (그림18)은 한 여성환자의 그림에 자주 보이던 그림이다. 서로 바라보는 두 천사와 천사를 사이에 두고 있는 타오르는 촛불들이 보인다. 이 후 미술치료가 꾸준히 진행되면서 환자의 그림에는 같은 패턴에 촛불 대신 과거에 함께 동거했던 한 남성이 나타난다.(그림19) 일반적으로 촛불에 대한 의미는 사랑, 온정에 대한 욕구나 갈망의 표현으로 해석되는데(Burns,1982), 그런 상징적 의미를 지닌 촛불 대신 사랑하는 사람으로 변화된 것은 장애로 인하여 헤어질 수밖에 없었던 과거의 못 이룬 소망, 그리움 등이 표현된 것으로 보인다. 그림에는 환자의 사랑하는 이에 대한 마음의 표현이 잘 드러나 있다.

2) Navratil이 보고한 정신분열증환자 그림의 특성

(1) 양식적 요소

① 경계와 윤곽

경계와 윤곽을 무시한다. 윤곽이 무시되거나 상실될 때는 세부묘사가 화지 전체에 범람하거나 사물과 바탕을 구분하지 않고 채색하기도 한다.

그림 20) 기쁨과 슬픔 / 남 29

스케치는 잘하였지만, 채색을 하는 과정에서 그 윤곽선 자체가 무시되고 있다. 바탕색과 그려진
형태의 색이 거의 같은 색으로 채색되어 분간이 어렵다. 이러한 패턴은 정신분열증환자들의 그
림에 자주 보인다. (그림20)은 기쁨과 슬픔이라는 제목에도 불구하고 두 얼굴이 같은 표정으로
그려지고 있는데, 이러한 표현은 정동장애가 있는 환자들의 그림에 많이 나타난다.

② 혼합된 프로필

두상을 정면과 측면이 혼합되게 그리거나, 코, 입, 턱, 귀 등을 생략하
거나 두 배로 많이 그리기도 하며, 사물을 의인화하여 그리기도 한다.

그림 21) 감정 표현하기(怒) / 여 **39**

한 정신분열증환자는 자신을 병원에 남겨둔 채 떠나고 있는 아버
지의 자동차를 그림으로 그렸다. 자동차 안에는 가족들이 타고 있
다고 했다. 환자는 자신을 병원에 입원시키고 떠나는 가족들에 대
한 섭섭한 감정을 노여움으로 표현하고 있다.
자동차의 모습은 보는 시점이 한 곳에 있지 않고, 여러 방향에서
관찰되는 형태들이 뒤섞여 있다.

그림 22) 두 사람 / 여 **34**

피카소의 그림을 연상하게 하는 여성 환자의 그림. 코는 옆모습을
향하지만 정면에서 보는 것 같은 두 눈과 두 개의 콧구멍이 보인
다. 이 처럼 정신분열증환자의 그림 속에는 여러 각도에서 관찰되
는 모습이 동시에 표현되는 그림을 자주 볼 수 있다.

③ 기형화

그림에 엄격한 형식주의와 형태의 파괴가 공존한다. 크기 관계의 왜곡, 신체부위의 회전, 절단, 부적절한 위치의 팔, 다리 등이 나타난다.

그림 23) 풍경 / 남 35

풍경 속의 호수에 살고 있는 물고기가 집채만큼이나 크다. 정신분열증환자 그림의 특징 중 하나는 이처럼 크기 관계의 왜곡이 존재하는 것이다. 이는 일반 성인에서는 찾아보기 힘들다.

그림 24) 풍경 / 남 43

인물의 부적절한 팔의 위치는 2~3세 유아의 그림에서 자주 보는 두족화이다. 두족화 그림은 정신분열증환자의 그림에서 자주 볼 수 있으며, 이는 퇴행 및 인지기능 장애와 관련된 것으로 추측된다.

④ 기하학적 형태

생명체나 무생명체의 사물을 삼각형, 사각형, 다각형, 원 등의 기하학적
형태로 단순화하여 그리는 경향이 있다.

그림 25) 그림 속의 나 / 여 37

수많은 사람 속에 자신을 표현한 그
림. 많은 사람들과 자신의 모습을 도
형화하였다. 정신분열증환자의 그림에
는 이처럼 기하학적인 도형이나 형태
를 단순화하는 모습이 자주 나타난다.
Navratil은 이러한 현상을 정신분열증
환자의 회복을 위한 모습으로 보았다.
기하학적 형태로의 단순화는 외부의
혼돈 및 내부의 혼돈을 억제하려는
시도가 표현된 것일 수도 있다.

⑤ 화지의 경계에 대한 무시와 지나친 의식이 공존한다. 화지의 한쪽에
치우쳐 그리거나 화지 밖에까지 연결해서 그리는 행동 등이 보인다. 또한
지나치게 경계하여 한쪽 구석에만 그리는 경우도 종종 볼 수 있다.

공간이용에 있어서 화면의 한쪽 구석에 그림을 그리는 경우는 열등감,
내향성이 강하며, 자발성이 약하고 가족원들에게서 억압당하고 있으며,
환경에 대한 인식이 잘되지 않는 것으로 보고 있다(김재은, 1993).

그림 26) TV 속 장면 / 여 **38**

화지의 지나친 경계 의식으로 한쪽으로 치우쳐져 그린 그림. 대부분 이런 그림을 그린 환자들은 위축되고 자신감이 결여된 환자에게서 많이 보인다. 이는 이러한 증상을 가진 일반인에게도 나타나는 현상이다.

그림 27) 나의 나무 / 여 **39**

나무의 수관의 형태가 보이지 않는다. 이처럼 수관이 큰 것은 에너지나 욕구가 많은 것으로 해석되는데(Burns, 1972), 이는 충동조절에 문제가 있는 환자들에게서도 많이 보인다. 이런 그림의 형태는 그리는 용지가 커져도 같은 결과를 보인다.

⑥ 움직임

- 인물상들은 과장된 움직임이나 굳어 있는 부동자세의 극단적인 모습을 보여 준다. 이들은 마치 꼭두각시처럼 보인다.
- 인물상들이 바닥과 연결되어 있지 않고 떠 있는 느낌을 준다.

그림 28) 인물화 / 여 38

Navratil은 이 떠 있는 느낌을 정신분열증환자들의 세상에 대한 느낌, 삶에 대한 느낌, 위험 속에 떠나는 느낌을 반영하는 것으로 보았다(최현진, 2004).

그림 29) 배구하는 사람들 / 남 62

운동을 하는 사람들의 움직임이 전혀 보이지 않는다. 이처럼 움직임이 없는 극단적 부동자세의 그림 역시 정신분열증환자 그림의 특징이다.

⑦ 투시화와 공간성의 상실, 왜곡

Bemporad(1967)에 의하면 공간성의 상실과 왜곡은 원시적인 부분지각으로 전체를 왜곡하는 것이거나, 전체 지각을 재조정하려는 과정에서 생기는 왜곡된 현상으로 볼 수 있다. 옷 안을 비춰지도록 그리는 것, 인체 내부 기관을 보이도록 그리는 것, 원근감의 결여, 바라보는 시점이나 위치가 뒤섞이는 것, 나무나 사람을 막대기로 표현하는 것 등이 여기에 해당된다.

그림 30) 자유화 / 남 35

그림 31) 울타리가 있는 풍경 / 남 34

인물이나 나무의 표현이 막대기 같은 형태를 하고 있는 것 또한 환자 그림에서
자주 보이는 표현이다. 이는 인지기능 저하에 따른 것으로 아동화에서도 흔히
볼 수 있다.

(2) 상징적 요소

① 숫자

그림에 숫자를 사용하는 경향을 보이는데, 이는 어떤 의미 있는 상징을 뜻하기도 하며 일상생활이나 병원생활의 표상이기도 하다.

정신분열증환자가 그린 그림의 특정지표로 글자와 숫자의 삽입은 자주 언급되어 왔다. 정신분열증환자들이 그림에 숫자와 글씨 등의 언어적 상징을 사용하는 것은 자신의 망상을 재확인하고 강화하려는 시도로 보이고 있다(기정희, 1982).

그림 32) 자화상 / 남 46

숫자가 배경으로 가득한 이 그림은 중학교시절 수학 선생님을 사랑했던 환자의 추억이 담겨있는 작품이다. 환자의 작품에는 숫자가 자주 등장하고 일정한 규칙을 가지고 있다. 환자는 그림에 자주 숫자를 기입함으로 과거에 자신의 수학성적이 좋았음을 강조하였다.
자화상의 삐뚤어진 입은 어린 시절 봤던 만화를 생각해서였다고 설명하고 있다.
숫자와 자화상은 수학을 잘해서 공과대학을 진학했지만, 질병으로 인해 포기해야만 했던 환자의 아쉬움이 보인다.

② 수수께끼

수수께끼적인 기호가 그림 중에 나타나거나 그림 전체가 하나의 수수
께끼가 된다.

그림 33) 우울 / 여 **42**

수수께끼 같은 그림. Navratil은 이것이 방법이 없음을 의미하며, 원시적인 혼돈과 합리적인 질
서 사이의 과도기적 단계에 있는 것으로 보았다.
환자들은 가끔 알 수 없는 그림을 그려놓고는 자신의 상황이나 느낌들을 대입시키곤 한다.
(그림33)을 그린 환자는 이렇게 자신의 그림에 대해 이야기 한다. 그녀는 우울한 이 그림이 자
신의 마음을 표현한 것이라고 했다. "학교 다닐 때 똑똑했는데 공부를 안 했어요. 그리고 아침
마다 일어나서 학교에 가는 게 너무 힘이 들었어요. 그리고 나는 사회성이 없거든요."

③ 나선형과 미로

나선형과 미로는 정신분열증환자 그림에서 흔히 볼 수 있는 것으로 상

징적인 의미는 극심한 절망감, 혼란스런 인생 여정 혹은 그 여정에서 질서를 찾으려는 시도로 해석된다. 이런 나선형의 표현은 자신이 실패했다고 느끼거나, 자신에게 놓여있는 문제를 해결하지 못해 어려움을 겪고 있는 일반인의 그림에도 자주 나타난다.

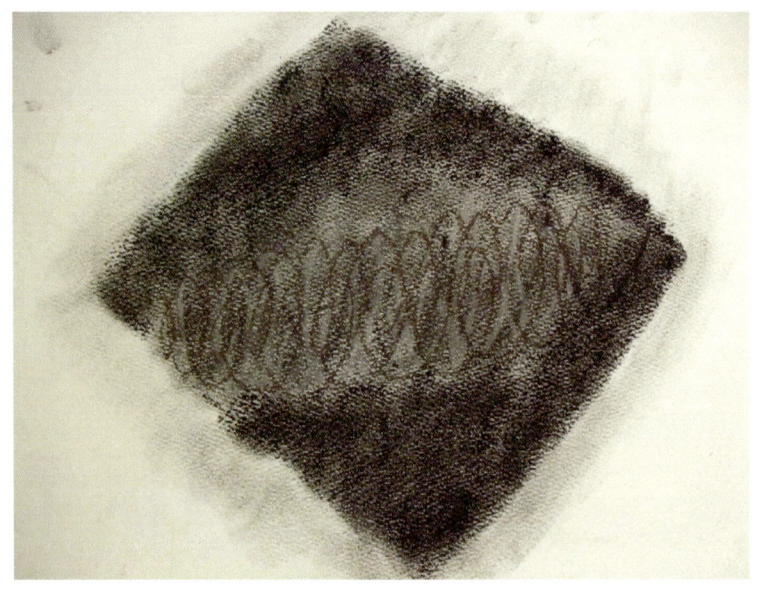

그림 34) 우울 / 여 42

환자가 표현한 우울할 때의 마음. 마름모꼴의 중앙에 표현된 나선형의 표현. 이러한 나선형의 표현이 자주 보이는 것은 심리적으로 마음의 해방을 바라고 있으며, 흥분하기 쉬운 성격이라는 보고가 있다.

④ 눈

눈을 지나치게 세밀하게 그리거나 대충 그리거나 생략하는 경향이 있다. 편집증이 있는 환자는 눈을 위협적으로 그리는 경향이 있다.

그림35) 자화상 / 여 42

그림 36) 요부 / 여 42

그림 37) 자화상 / 남 62

환자들의 눈 표현은 양 극단적인 표현으로 나타난다. 너무 세밀하게 그리는 경우는 집착이 강하고 의심이 많거나 과민한 경향이 많다.(그림 35), (그림 36) 또한 작은 눈은 내향적인 경향이 많으며(Macohver, 1994), 텅 빈 눈은 환경에 관심이 없고 내성적이며 자아도취경향을 나타낸다(그림 37).

⑤ 해부학적 요소

해골, 뼈, 내장기관이 그림에 나타난다. 이는 죽음에 대한 공포를 의미하거나 이러한 공포를 극복하려는 의미를 나타낸다.

그림 38) 등대 / 여 42

종종 환자들은 그림에는 해골과 같이 죽음을 상징하는 모습들이 등장한다. 필자의 임상에서는 정신질환을 앓으면서 동시에 신체적 질환으로 고통을 받는 환자에게서 이런 그림들이 자주 보였는데, 이는 중복된 장애로 인한 고통과 그에 따른 공포가 표현되는 것으로 보인다.

(3) 기타 정신분열증환자 그림의 특징

① 정신분열증환자들의 그림은 화면 이용도가 적어서 공백지면이 많고 완성도 및 세부묘사가 떨어진다(노명래, 1988). Ulman과 Levy는 정상인과 정신분열병 환자의 그림을 비교한 연구에서 정신분열병 환자는 자아가 통합적이지 못하고 사물들 간의 연관성을 인식하지 못하기 때문에 세부적으로 잘 묘사된 정교한 그림을 그리기가 어렵다고 하였으며(Ulman·Levy, 1984), Mcglashan 등도 자아가 통합적인 환자가 더 자세하게 그림을 그린다고 하였다. Reiner 등의 연구에서도 환자가 감정적으로 조절된 상태에 있을 때보다 섬세하게 묘사된 그림을 그린다고 하였다(Reiner·Trllin, 1975).

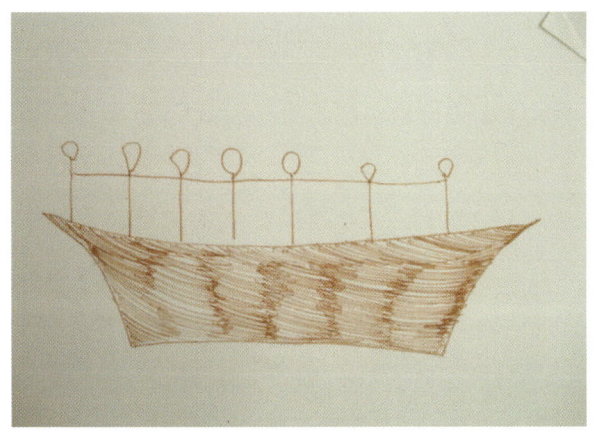

그림 39) 자유화 / 남 39

정신분열증환자의 (그림 39) (그림 40)처럼 일반인에 비해 완성도나 세부묘사가 많이 떨어진다. 일반적으로 그림의 세부묘사나 완성도가 높은 것은 높은 에너지 수준 및 높은 욕구로 해석되는데, 환자들의 그림의 이 같은 특징은 장애로 인한 인지기능저하 및 심리적 위축, 낮은 에너지 수준으로 해석된다.

그림 40) 자유화 / 여 36

그림 41) 나의 정원 / 남 **27**　　　　　　그림 42) 풍경 / 남 **28**

정신분열증환자 그림의 특징 중 하나는 (그림 41)(그림42)와 같이 부적절한 색을 사용하는 것이다. 이러한 특징은 사물을 지각하는 부분이 일반인과는 다르기 때문이라고 해석되는데, 이런 표현은 증상에 기인한다는 데서 '미술작가'와는 구분된다.

② 단색을 사용하거나, 색의 사용 수가 적다. 또는 혼합이나 덧칠이 심 대상물에 맞지 않는 색을 사용하는 경향이 있다(노명래, 1988).

그림 43) 창밖에 보이는 풍경 / 여 **52**

환자들 중에는 한 색을 고집하여 사용하는 경우가 많다. 특히 정신분열증 환자 중에는 보라색을 선호하는 환자가 많은데, Cooper는 이를 지능과 지식, 종교적 성스러움, 겸손과 속죄, 근심과 고통 및 노년 등으로 해석하였으며(정여주, 2003), 칸딘스키는 보라를 육체적 정신적 질병, 슬픔, 힘을 상실한 것으로 해석하였다(Riedel, 1985).

③ 같은 형태가 나란히 반복되어 나타나는 경향이 있다(기정희, 1982: Kris, 1952).

그림 44) 내가 살던 곳 / 남 40

그림 45) 집 / 남 40

④ 특정한 부분만 채색을 하지 않는 경향성이 있다. 필자의 임상경험에 의하면, 정신분열증환자들의 작품 중에는 작품의 완성도가 높음에도 불구하고 어느 특정부분만을 채색을 하지 않거나 혹은 반대로 완성도가 떨어지면서 특정 부위에 채색을 하는 그림들이 눈에 띈다. 김숙영(2005)의 연구에 따르면 정신병적 에피소드가 많으며 무기력한 환자들에게서 화면을 부분적으로 칠하는 경향이 많다.

그림 46) 나의 정원 / 남 37   그림 47) 자유화 / 여 32

⑤ 상동증

상동증이란 행동장애로 나타나는 정신병리의 일종으로서, 지속적이고 목적 없는 말이나 행동의 반복을 의미한다. 주로 정신분열증환자들에게서 보게 되는 이 증상은 그림에서도 나타나는데, 환자들은 동일한 주제나 소재를 계속하여 반복적으로 그린다. 색이나 수, 회화 양식 등이 반복되었다면 그러한 반복이 그 사람의 그림 스타일 혹은 도식일 가능성과, 반복된 색이나 수가 그 사람에게 특별한 상징적 의미를 가졌을 가능성을 생각할 수 있다.

김숙영의 연구에서는 정신분열병 환자그림의 약 18% 정도가 상동증 표현이 발견되었다. 상동증 그림을 그리는 환자는 대개 환경에 대한 적응 곤란 같은 것을 표시하기도 하고 관심의 폭이 좁거나 감정의 폭이 좁은 환자들에게서 나타나는 것으로 보인다(김숙영, 2005).

그림 48) 나무

그림 49) 풍경 / 남 **39**

그림 50) 기억

한 남자 환자가 미술치료 과정 중 보여 주었던 그림들이다. 주제와 상관없이 그림에는 항상 새
가 등장하고 있다. 진행과정을 볼 때 이러한 그림형태는 환자가 자신 있어 하는 도식화된 그림
의 표현으로 보이며, 이는 환자가 가진 관심의 폭이 좁음을 의미한다.

3. 정신분열증환자에게 도움이 되는 미술치료 프로그램

① Landgarten(1981)은 정신분열증환자들에게 현실감각을 강화시켜 주
는 주제를 사용할 것을 주장한다. 현재의 자화상 그리기, 정물화 그리기,
풍경 보고 그리기, 도형 그리기 등이 이에 해당된다. Riedel(1992)은 이러
한 그리기 작업이 해체되고 혼란스런 정신분열증환자에게 응집성과 조직
성을 부여하는 데 효과적이라고 한다.

그림 51) 정물화 그리기

각각의 과일이 시각적으로 지닌 특성을 그대로 묘사하도록 함으로 관찰력이나 집중력을 키울 수 있으며 이들의 현실 검증력을 상승시킬 수 있다. 이런 프로그램은 정신분열증환자뿐만 아니라 학령기 아동의 인지기능에도 많은 도움을 줄 수 있다. 단 너무 교육적이어서 지루한 느낌을 줄 수 있으므로 치료사의 재치 있는 진행이 필요하다.

그림 52) 인물화 그리기

자화상을 그리거나 집단의 참여자들이 서로 모습을 그려 줄 수 있다. 각각의 인물의 특징을 관찰하여 그림으로 위의 정물화 그리기와 같은 효과를 얻을 수 있다. 필자의 경우 집단 안에서 이름을 뽑아 그 이름의 주인공을 그리고(이 경우 그리는 대상을 서로 알게 해서는 안 된다.) 완성 후 맞춰 보는 게임식 미술활동을 진행한다. 호기심을 유발하고 진행과정에 그림의 주인공에 대한 느낌이나 특징 등을 설명해야 하므로 집단원간의 정보를 교환하고, 대상이 누구인지 맞춰야 하므로 타인의 설명에 더욱 집중할 수 있다. 각각의 특징이 잘 묘사되었는지, 어떤 부분이 닮았는지 이야기해가며 상호작용을 유도해낸다.

② 추상화가 아닌 정확한 형태의 구조화된 그림을 보고 그대로 따라 그리는 작업도 환자들의 현실지각능력과 집중력을 강화시켜 줄 수 있다 (Domma, 1990).

그림 53) 명화 따라 그리기 / 남 37

명화를 따라 그리는 것은 자존감의 상승에도 많은 도움을 준다. 좌측의 그림은 치료사가 준비해 간 (고흐의 방에 들어가는 가구들을 테두리 작업을 하여 환자들에게 오려 붙인 뒤 채색하도록 하였다.)구성물의 작품을 보면서 그대로 따라, 완성해 가도록 한 것이다. 원본그림과는 전혀 다른 색상으로 표현된 부분도 있지만, 구성만큼은 잘 이루어진 작품으로 평가된다.

그림 54) OHP에 따라 그리기 / 여 36

그림 도안에 OHP를 올려 부착시킨 뒤 네임펜으로 테두리를 그린 뒤 유성매직으로 채색하였다. 유성매직이 주는 시각적 명확성으로 시각적 인지기능 및 현실 검증력 향상에 도움을 주며, 따라 그리는 동안 손과 눈의 협응을 도와 집중력을 강화시킬 수 있다. 단 너무 퇴행적인 도안은 주의한다. 자발적 그림이 어려운 미술치료 초기에 사용하면 좋다.

③ 잡지 사진을 이용한 콜라주 작업은 사진이 주는 명확성이 사실성을 부여하므로 전신분열증환자들의 현실감각을 높일 수 있다 Landgarten(1981). 단 시각적으로 정확한 형태가 실린 사진을 선택하도록 해야 하며, 주제별로 사진을 분류하여 환자들이사진을 찾는 데 어려움이 없도록 주의한다.

그림 55) 내가 소망하는 것 / 여 **38**

그림 그리기에 자신감이 없거나 그리기에 심한 거부감이 있는 내담자에게 적합한 프로그램이다.
특히 사실성을 부각해야만 하는 정신분열증환자들에겐 직접적인 재료가 될 수 있어 더욱 좋다.
단 가위 사용에 위험이 따르는 환자들에겐 치료활동이 원활하지 않을 수 있다는 단점이 있다.

④ 점토를 이용한 입체 작업도 도움이 된다. 과일이나 입체 구조물 등을 사방에서 관찰하면서 똑같이 다듬어 만들어 나가는 것 역시 환자들에게 집중력, 관찰력을 길러 주고 균형과 조화를 이룰 수 있도록 도와준다.

그림 56) 자소상 / 여 36

자신의 모습을 빚은 자소상. 자신의 현재에 대한
느낌을 표현할 수 있어, 자신과 대면할 수 있으며
무엇보다도 입체 작업이므로 많은 관찰과 노력,
집중이 필요하다.
정신분열증환자들의 경우 위축이 심하고 움직임이
없는 경우가 많은데, 이런 입체 작업의 경우 자리
를 이동하거나 작품을 돌려 표현하는 등의 적극성
이 요구되기 때문에, 작업과정을 역동적으로 이끌
어 나갈 수 있다.

그림 57) 여러 가지 표정들 / 삶은 달걀과 지점토를 이용한 집단 작품

많은 정신분열증환자들이 소근육 운동(활동)에 어려움을 보인다. 이렇게 작은 점토작업은 환자들의 소근육 운동
에 도움을 줄 수 있다. 미술치료에서의 점토작업은 도구를 사용하는 것보단 자신의 신체(손가락)를 사용하는 것
이 많은 도움이 된다. 도구는 정형화되어 있고 일정한 틀을 지니므로 도구의 특징만을 사용하게 될 경향이 많
다. 또한 도구 사용이 환자들에게 위험을 줄 수 있기 때문에 주의해야 한다. 손가락을 이용하여 여러 가지 질감
을 표현하도록 해 보는 것은 환자들의 감각을 활성화 시킬 뿐만 아니라 창의적인 경험을 할 수 있도록 해 주
며, 이들이 가진 인지기능의 향상에도 많은 도움을 줄 수 있다.

⑤ 재료 면에서도 작품 완성 후 경계가 흐릿할 수 있는 엷은 수채화나 파스텔보다는 짙은 포스터 칼라, 매직 등과 같이 시각적 정확성을 부여하는 재료가 도움이 된다.

그림 58) 나의 정원 / 남 27(아크릴 작품)

농도 짙은 포스터 칼라나 아크릴 물감을 이용한 작업, 매직류 등은 시각적 명확성을 기함으로 작품 완성 후의 감상에 있어서도 시각적인 정확성을 부여할 수 있어 많은 도움이 된다.

⑥ 가급적이면 퇴행을 유발하거나 판타지를 자극할 수 있는 주제나 재료는 피하도록 한다.

그림 59) 데칼코마니

난화나 데칼코마니 등 시각적으로 난해한 프로그램은 환자들의 망상을 자극할 우려가 있으므로 피하는 것이 좋다. 단, 치료 초기 미술활동에 대한 재미를 주거나 이완작업을 위해서, 혹은 환자들의 심리를 이해하기 위한 도구로 사용되기도 한다.

⑦ 대인관계 및 집단의 상호작용을 돕기 위해 공동화 작업(협동작업) 등을 실시하도록 한다. 함께 작업하는 동안 집단 안에서 인내하고 배려하며, 이해하고, 협조하는 등의 대인관계 능력을 기를 수 있다.

그림 60) 조각 그림 그리기

그림 61) 조각 그림 수정 작업

위 작업은 하나의 그림을 조각내어 각각 완성하게 한 뒤, 다시 붙인 뒤 어울리지 않는 부분을 찾아내고 수정하도록 하는 작업이다. 원본 그림을 보고 자신의 조각이 어떤 위치에 있는지 확인해 보고 그리도록 지시할 수 있다. 혹은 집단의 미술치료 과정에 대한 효과를 알아보기 위한 작업으로 지시하지 않고 치료과정의 사전·사후 검사로 활용할 수 있다. (그림 60)은 각자의 조각 그림을 맞춘 것인데, 이후 (그림 61)에서처럼 하나의 그림이 되도록 수정할 부분을 찾아, 환자들이 자리에서 나와 수정하도록 한다. 이때 유의사항은 타인의 그림을 수정하는 경우인데, 이 경우 치료사가 진행하면서 각자의 그림을 수정할지 아니면 집단원이 자신의 그림이 아니더라도 수정할 수 있도록 할 것인지 집단 간의 역동을 파악한 후 지시하도록 한다. 타인의 그림에 다시 그리는 부분은 미술치료 전 영역에서 매우 주의해야 할 사항이다.

⑧ 다 같이 집중할 수 있도록 유도하는 치료사의 진행이 요구된다. 필자의 경우는 게임방식을 통해 흥미를 가지고 다 같이 집중할 수 있는 프로그램들을 도입하고 있다.

그림 62) 석고 손 뜨기 / 집단 작품

자신의 손을 석고붕대로 뜬 뒤, 다른 집단원의 작품들과 섞어 놓고 자신의 손을 찾는
게임이다. 재료가 가진 특성도 호기심을 자극하고, 완성 뒤 게임이 진행됨으로 활동
에 더욱 집중할 수 있다. 일반인은 이런 게임이 쉬울 수 있지만 환자들에게는 익숙하
지 않다. 자신뿐만 아니라 다른 사람의 손에 대한 특징도 파악할 수 있어야 하므로
관찰력, 집중력 등에 많은 도움이 된다.

'삶의 질'의 개념과 정신장애인

최근 들어 사회의 여러 분야에서 '삶의 질'(Quality of Life)이란 용어가 빈번하게 사용되고 있으며, 삶의 질을 높이기 위한 논의가 활발하게 진행되고 있다. 그러나 삶의 질이 무엇이며, 어떤 요인에 의해 결정되는가를 개념 짓기란 쉽지 않다.

초기 연구에서는 '삶의 질'을 객관적 생활환경 즉, 소득, 교육수준, 직업 등의 조건을 반영한 사회지표의 개념으로 파악하였으나 오늘날에 와서는 '삶의 질'을 '행복한 삶' 혹은 '좋은 상태의 삶'이라는 의미로 파악하게 되면서, 삶의 경험과 관심영역에 대해서 개개인이 판단하고 느끼는 주관적, 심리적 측면을 중요하게 생각하게 되었다(김명숙, 1981; 홍숙기, 1994).

'삶의 질'에 대한 정의에서, Campbell과 Andrews는 결혼, 가족, 주거, 직업, 친구, 이웃, 건강과 같은 삶의 영역에 대해 표준, 열망, 가치와 목표 등의 기준에 따라 주관적으로 평가하여 지각하는 복지수준을 의미한다고 했으며, Young과 Longman(1983)은 현재의 삶의 여건에 대한 만족도라고 했으며, Johnson(1982)은 신체적 정신적, 사회적, 상황 속에서 개인이 일상 생활의 활동에서 얻은 만족감과 관계되는 주관적인 가치판단이라 하였다.

건강과 관련된 '삶의 질'의 개념적 논의는 Priestman과 Baum이 유방암 환자의 '삶의 질'에 관한 지표를 발표한 이후 본격적으로 시작되었으며, 정신의학에서도 지역사회 정신보건운동이 도입된 후 많은 환자들이 사회로 복귀하게 되자 그 치료결과를 평가하는 데 '삶의 질' 개념이 도입되기 시작하였다(최영희, 1997).

'삶의 질'의 평가에 있어 만성정신 질환자들은 비고용 상태이고 결혼하지 못하며, 질병의 잔류증상들과 장애로 고통받고 있고, 가족들과도 멀어지며, 사회적 인간관계도 제한되어 있기 때문에 일반인에 비해 '삶의 질'이 당연히 낮으리라 생각되었지만, '삶의 질'은 주관적 만족도이므로 그들의 '삶의 질'을 일반인과 단순 비교하여 평가해서는 안 된다는 것이 최근의 일치된 보고결과들이다. Schipper 등은 '삶의 질'에 대한 접근방식을 질병과 치료의 기능적인 결과로 신체적 기능, 심리적 기능, 사회적 상호작용, 신체적 감각의 네 가지 요소들로 구성되어 있다고 제시하였는데 이것은 질병이나 장애로부터 완전히 자유로운 상태를 의미하는 것이 아니라 제한된 범위 내에서 최대의 생활을 영위할 수 있도록 하는 데 의미를 두는 것으로, 정신질환자나 정신장애인의 '삶의 질'을 이해하는 데 유용한 접근 방식이라 할 수 있다(한영란, 1990).

이상에서 살펴본 선행연구자들의 '삶의 질' 요인을 토대로 신체적 건강, 정신적 건강, 그리고 사회적 건강으로 분류하여 정신분열증환자를 포함한 만성 정신질환자의 '삶의 질' 요인으로 선정된 요소들을 살펴보면 다음과 같다.

1. 신체적 건강

신체적 건강이란 일상생활의 활동과 독립적인 생활 활동을 할 수 있는 상태를 말한다. 그러나 만성 정신질환자들은 만성적 질병에서 기인하는 감정적, 인지적, 사회적, 일상능력의 파괴로 많은 활동에 제약을 받는다. 그렇기 때문에 만성 정신질환자의 '삶의 질'은 일반인의 '삶의 질'과 비교해선 안 되며, 신체적, 정신적, 사회기능이 제한되어 있는 속에 자신들의 삶을 어떻게 받아들이는가에 따른 주관적 만족도로 따져야 한다.

2. 정신적 건강

자존감을 들 수 있다. 개인은 의미 있는 타인과 긍정적인 상호작용을 하게 되면 자기를 긍정적으로 보게 되고 반대로 부정적인 상호작용을 하게 되면 부정적 자기 존중을 느낀다. 사람은 자기가 처해 있는 상황에서 스스로 자기 존중 의식을 느낄 때 자신에 대해 자신감과 안정감을 갖는다. 이를 이루지 못할 때에는 열등의식, 무력감 등이 생긴다. 만성정신질환자들의 심리적 문제는 낮은 자존감과 자신감의 저하, 좌절, 인내력의 부족 등으로 인한 실패와 거절에 대한 두려움으로 사회적으로 철회되어 있다는 것이다(이영실, 1994). 따라서 이들의 실패에 대한 두려움을 현실적으로 다루어 주고 단기간의 목표를 설정해 실패를 줄여서 자존감과 동기를 고무시키며 기술을 키우는 접근법이 요구된다.

3. 사회적 건강

일상생활을 영위할 수 있는 기술(위생, 몸치장, 요리, 청소, 금전 관리
등), 직업기술, 사회적 지지, 대인관계, 가족관계 등이 필요함을 들을 수
있다. 그러나 대부분의 만성 정신질환자들은 이러한 생존에 필요한 기술
이 결여되어 있고, 잦은 입원으로 원만한 가족관계를 유지하지 못한 채
고립된 생활을 살아가고 있다.

사회적 건강을 위한 일상생활 기술은 생활 능력이 결여된 만성 정신질
환자들에게는 일상생활을 영위하기 위해 필요한 기술이며, 가족은 최초의
진단자임과 동시에 치료경로를 선택하는 사람이고, 그들의 사회복귀와 재
활에 중요한 역할을 한다(한영란, 1990).

또한 사회적으로 고립되어 있는 만성 정신질환자들에게 긍정적인 대인
관계를 갖게 하는 것은 사회적 적응과 인간다운 삶의 만족을 할 수 있도
록 힘을 준다.

그러나 만성 정신질환자들은 이러한 환경에 제약을 받고 살아가고 있다.

우리들은 다른 사람들과 더불어 살아갈 때 비로소 인간다워진다고 할
수 있으며 또한 다른 사람들과 인간관계를 함으로 삶의 보람 내지 의욕
이 생기기도 하고 반대로 의욕이 상실되거나 고독감에 빠질 수 있다. 즉
다른 사람과의 인간관계를 통해서 스스로 인간다워지며 좋은 인격의 형
성과 이상적인 사회관계와 아울러 개인으로서의 삶과 보람과 만족으로
행복한 미래를 보장해 줄 수 있는 '삶의 질'을 결정할 수 있다.

그러나 만성 정신질환자들이 갖고 있는 사회적 위축, 자발성의 부족,

타인과의 부적절한 의사소통 등은 원만한 사회적 관계를 맺어 가는 데 문제가 되며 그 밖에 타인으로부터 거부, 사회적인 고립 등도 다른 사람과의 인간관계를 하는 데 있어서 커다란 장애가 된다(김철권·변원탄, 1994). 따라서 만성 정신질환자들의 '삶의 질' 향상을 위해서는 사회적 지지 속에 사회적 상호작용을 효과적으로 수행하는 데 필요한 사회기술을 습득하는 것이 매우 중요하다 할 것이다.

원정숙과 조희(1999)는, 정신질환자가 퇴원 후 정신건강상태를 유지하면서 성공적인 사회생활을 유지하기 위해서는 환자의 지지적 환경을 강화시켜 주는 것이 중요하다고 했으며, Liberman(1996) 역시 정신병적 증상의 재발과 악화에 영향을 미치는 가장 큰 요인을 '사회적 지지망이 위축되었을 때'라고 보고하고 있다.

이러한 관점에서 볼 때 미술치료는 작품을 만들어 가는 과정에서 치료사 및 집단원의 지지를 얻을 수 있을 뿐만 아니라 작품 완성에서 느낄 수 있는 성취감으로 인해 자신감을 고취시킬 수 있으므로 이들이 가진 위축감을 해소하고 대인관계에 대한 어려움을 극복하는 데 도움을 줄 수 있으므로, 정신분열증환자의 '삶의 질'에 있어 많은 의미를 지닌다 하겠다.

다음 장에서는 정신분열증화자의 미술치료와 '삶의 질'에 대한 연관성을 필자의 임상사례를 통해 살펴보도록 하겠다.

정신분열증환자의 미술치료

1. 연구대상

본 연구에서는 다음과 같은 기준에 따라 모든 항목에 해당하는 환자를 연구대상으로 선정하였다.

1) 발병한 지 10년 이상의 만성 정신분열증 의료 급여 환자로(DSM – Ⅳ 진단 기준) 3년 이상 장기 입원해 있는 여성 환자
2) 최소한의 자발성이 있으며, 의사표현이 가능한 환자
3) 90분 이상 주의력을 유지할 수 있고, 행동문제가 심하지 않은 자

본 연구의 대상 환자는 경기도에 위치한 ○○정신병원 의료 급여 병동에 입원해 있는 여성 환자 7명으로, 환자 선별에는 환자의 자발성 고려 및 주치의의 면접에 의해 자기표현이 스스로 가능하다고 판단되어 피험자로 선정되었다. 대상 환자들이 만성적이고 정신병리에 있어서 큰 변화가 없는 환자들이어서 연구 기간 중 약물치료에 있어 큰 변화는 없었다.

본 연구 대상자의 일반적 특성은 다음과 같다.

(표 4) 연구대상 환자의 일반적 특성

이름	임○○	서○○	신○○	최○○	주○○	이○○	정○○
성별	여	여	여	여	여	여	여
나이	47	32	48	43	39	43	51
교육 정도	고 중퇴	초졸	무학	중졸	고졸	고졸	무학
종교	기독교	천주교	무	천주교	천주교	무	무
발병 나이	19세	20세	23세	27	24세	33세	30
진단명	정신 분열증	정신 분열증	정신 분열증	정신 분열증	정신 분열증	정신 분열증	정신 분열증
현주 문제	죄의식, 불안, 우주, 종교에 대한 망상.	환시, 환청 심함. 사물을 의인화	특이 증상 없음	고립된 성격, 말 없음	입원 전 상습방화	에로틱한 망상	특이 증상 없음
보호자	남동생	부 (알코올중독)	고모	○○ 읍 사무소	오빠	부	○○시립 부녀보호소

2. 연구절차

1) 연구 기간 및 장소

본 연구의 연구 기간은 2003년 3월 4일부터 2004년 12월 16일까지 주
1회를 기준으로 38회기에 걸쳐 경기도 ○○정신병원 의료 급여 병동 내

요법실에서 매 회기마다 90분씩 실시하였다. 연구 기간 중에 퇴원하거나 중도 포기한 환자는 없었다.

2) 미술치료 프로그램

본 연구의 미술치료 프로그램은 "병동이라는 제한된 공간에서 생활하는 환자들에게 미술치료를 통하여 내재화된 자신의 감정과 느낌을 자유롭게 표현하고, 이러한 활동을 통해 지루한 병동생활에서 오는 스트레스를 해소하고, 타인을 이해하도록 한다."는 전체목표 계획 아래 진행하였다.

치료 초기에는 환자들의 흥미를 유발하고 미술표현에 대한 불안을 줄이기 위한 탐색기법과 자기인식을 위한 프로그램을 위주로 하였으며, 치료 중기에는 내적 감정의 표현과 대인관계 형성 및 사회성에 중점을 두고 프로그램을 진행하였으며, 치료 후기에는 대인관계의 폭을 넓힌 집단작업 및 종결에 대한 불안을 줄이고 미술치료 전회기를 마감하고 정리할 수 있는 데 목적을 두고 진행하였다.

프로그램은 계절, 명절 등을 고려하여 주로 실생활과 관련되거나 과거의 경험과 관련된 주제와 환자들에게 도움이 되는 미술매체를 적절히 활용하여 계획하였다. 미술치료 프로그램은 다음과 같다.

(표 5) 집단 미술치료 프로그램

회기	주제	회기	주제
1회기	이름 꾸미기	14회기	나의 등대 그리기
2회기	문과 문안의 표현	15회기	요술구슬
3회기	나의 나무 그리기	16회기	어항 그리기
4회기	자화상 그리기	17회기	명화 감상 후 느낌 그리기
5회기	봄에 대한 기억 그리기	18회기	함께 돌려 그리기
6회기	잡지 콜라주(소망의 나무)	19회기	미술치료 상반기 작업에 대해 이야기 나누기
7회기	데칼코마니	20회기	자유화 그리기
8회기	자연만다라	21회기	사람 테두리 안의 표현
9회기	나만의 디스켓 그리기	22회기	명화 그림 완성하기
10회기	찰흙으로 만들기	23회기	물감 풀어 종이에 찍기
11회기	셀프박스 만들기	24회기	셀로판 위에 풍경 구성하기
12회기	종이 돌려 그리기	25회기	나의 감정 표현하기
13회기	나의 정원 그리기	26회기	한지를 이용한 물감 작업
27회기	조각 그림 완성하기	33회기	색으로 표현한 나의 과거, 현재, 미래
28회기	스티커 작업	34회기	주고 싶은 선물 만들기
29회기	가면 만들기	35회기	인형 만들기
30회기	색종이로 표현한 나의 가족	36회기	크리스마스카드 만들기
31회기	내 방에 걸고 싶은 그림 그리기	37회기	석고로 손 뜨기
32회기	낙엽을 이용한 그림	38회기	자신의 포트폴리오 감상하고 지난 회기에 관한 이야기 나누기

3) 측정도구

본 연구를 위한 사전검사로 불안감척도, 우울증 척도, 삶의 질 척도 검사를 실시하였으나, 대상 환자의 대부분이 10년 이상 정신분열증을 앓아온 만성정신분열증환자로, 인지기능이 다소 떨어져 있는 상태이며, 감정의 기복이 심하고, 문장 이해능력이 부족하여, 정신장애인에게 사용하도록 개발된 측정도구를 사용함에도 불구하고 설문에 대한 원활한 검사가 이루어지지 않아 집단 미술치료 과정에 대해 연구자가 질적 분석을 시도하였다.

  질적 연구는 철학적 배경, 방법론적 배경, 연구목적 등에서 양적 연구와 구별되기 때문에 연구를 평가하는 기준 또한 구별되어야 하지만, 아직 질적 연구의 신뢰도와 타당도에 대한 평가 기준의 합의가 부족한 상태이다. 따라서 본 연구에서는 연구의 타당성을 최대한 높이기 위해 질적 연구에 있어 다음과 같은 환경을 설정하였다(김두섭 역, 2004; 김태은, 2003).

(1) 매 회기마다 연구자 외에 주치의 1인, 간호사 2인, 미술치료 박사과정 학생 1인을 참관하도록 하였으며, 회기 전 과정의 내용을 자세히 기록하여 그 내용을 참관자들과 직접 검토하고 토론하여 자료의 일관성을 확인하였다.

(2) 매주 정기 병동 미팅 시간에 이 환자들의 정신병적 증상 및 병실 내 일상생활과 문제 행동 여부 및 대인관계능력 그리고 기타 변화에 대해 토의하였다.

(3) 10개월간 38세션이라는 비교적 장기간의 관찰로 연구를 진행하였다. 오랜 시간에 걸쳐 자료를 수집하고 현상에 대해 반복적으로 관찰하는 것은 사례연구 결과의 신뢰도를 증가시킬 수 있다.

4) 자료처리 및 분석

  본 연구에서 수집된 자료는 연구자가 질적 분석하였으며, 미술치료 과정과 결과에 대해서는 미술치료에 참관했던 주치의, 미술치료 박사과정

학생 1인, 간호사 2인과 연구대상 환자들의 인터뷰를 통해 분석하였다. 인터뷰진행은 결과에 대한 주관성과 타당성을 고려하여 개별적으로 이루어졌으며 질문 양식은 동일하였다.

연구목적과 맞게 분석된 내용은 다음과 같다.

(1) 연구 대상 환자의 일반적 특성을 파악하였다.

(2) 각 회기별 집단 미술치료를 실시한 후 환자들의 변화된 모습을 연구자가 질적 분석하였으며, 그 결과와 인터뷰 내용을 통해 의료 급여 장기 입원 정신분열증환자의 집단 미술치료와 '삶의 질'과의 연관성에 대해 살펴보았다.

1. 사례 분석

임○○ – 치료 초기부터 환자의 작업은 주제와 상관없이 종교와 관련된 소재(십자가나 하나님의 사랑을 의미한다는 하트 등)들로 이루어져 있었다(그림 63). 환자는 집단원 중 가장 인지기능이 높았으며 주로 성경이나 인간의 죄에 대한 무거운 이야기들로 회기를 시작하고 마감했다. 이러한 점은 인지기능이 현저하게 떨어지는 다른 환자와의 상호작용에 다소 어려움을 주었다. 환자는 주로 치료사와만 대화를 나누려 했으며, 치료실 안에서는 마치 치료사들과 환자 자신만 존재한 듯 보였다. 집단과의 대화는 이루어지지 않았다.

환자는 회기 중에 치료사에게 성경구절을 말하기도 하고, 누군가 자신에게 "네가 여호와다."라고 외치기도 했다면서 어쩌면 자신이 하나님일지도 모른다는 생각을 한 적이 여러 번 있다고 했다.

그림 63) 2회기 – 문안의 세계

임○○의 초기 그림에는 회기의 주제와 상관없이 종교적 내용으로 이루어졌다. 이는 환자의 주된 문제인 '종교적 망상'과 관련된 것으로 보인다.

이러한 망상 속에서도 환자는 자신이 처한 상황과 병식은 뚜렷한 것으로 보였다. 3회기 '나의 나무 그리기'는 환자가 지니고 있는 아픔을 그림을 통해 보여 주고 있다(그림 64). 환자는 "내가 왜 이런 그림을 그렸지?" 하며 혼잣말로 이야기하다가, 아마 자신이 오랫동안 병들어 있어 이런 그림을 그린 것 같다고 말하기도 했다. 환자는 웃음을 보이긴 했으나 우울해 보였다. 환자는 이 나무가 아주 오래된 고목이며 사냥꾼이 잘라 갔다고 했다. 그러나 이내 잔가지들이 자라고 있어서 죽은 나무는 아닌 것 같다고 덧붙였다. 치료사는 작은 나뭇가지가 자라서 큰 나무가 되길 바란다고 말해 주었다. 환자도 그러길 바란다고 했다.

그림 64) 3회기 - 나의 나무 그리기

나무들은 성장된 자아, 현재 상태의 자아를 상징하며, (Schmeer, 1998) 잘린 나무는 심적 외상이 있음을 나타낸다. 그러나 새싹을 덧붙여 그리는 것은 무의식중에 새 출발을 하려는 노력을 뜻하기도 한다(Burns, 1972). 나무는 비록 기둥이 잘려 있긴 하지만 새로 뻗어 가는 여러 개의 가지와 푸른 잎에서 생명력을 느낄 수 있으며 환자의 현 상태를 상징적으로 표현하고 있다.

환자는 종교적 이야기와 더불어 자신의 작업 속에 푹 빠져 있었으며 다른 집단원의 작업에는 별 관심이 없어 보였다. 회기가 계속 진행되면서 환자는 하나님을 찬양하는 것 외의 예술 활동은 죄가 된다고 생각한다며 미술치료에 참여할 수가 없을 것 같다는 말을 자주했다. 환자는 치료진의 권유로 가까스로 치료에 참석했다.

8회기 '자연만다라'에서 임○○는 처음으로 다른 환자들의 작업에 관심을 보였다(그림 65).

병원 뜰에서 환자들은 직접 자신의 작업에 쓸 자연물을 채취했고, 각자

채집한 재료를 나눠 쓰는 과정에서 집단원 간의 활발한 상호작용이 이루어졌다. 환자는 이 작업이 어려웠는지 "어려워, 모르겠어."라는 말을 중얼거리며 다른 집단원의 작업을 유심히 쳐다보며 "어떻게 하는 거야?" 하고 물어보기도 하고 "예쁘다, 나도 그렇게 할 걸……" 등의 칭찬과 관심을 보였다. 원 안의 중심에는 하트를 나뭇잎으로 장식했으며 그것은 하나님의 사랑을 의미한다고 했다.

야외작업이 즐겁지만 꽃을 꺾는 것은 끔찍하다며 인간에 대한 분노를 이야기했다. 같이 치료에 참여하던 이○○ 역시 인간의 잔인함에 동조하며 꽃이 불쌍하다고 했다.

그림 65) 8회기 - 자연만다라

Jung에 의하면 만다라를 그리는 것은 인간의 무의식에 있는 원형을 일깨워 주며, 인간에게 내적 기쁨과 질서와 생명의 의미를 찾아 주는 치료적 작업이다(정여주, 2003). 환자 역시 이 작업이 잡념을 없애고 집중하는 데 많은 도움이 되었으며, 명상할 수 있었다고 대답했다.

9회기에 종교적인 이유로 참석하지 않았던 환자는 10회기(찰흙으로 만들기)에 찰흙을 주무르고, 꽃병을 만드는 작업에서 기쁨과 즐거움을 느꼈다면서 앞으로 미술치료에 꼭 참석하겠다고 치료사에게 말했다. 미술치료의 장점을 이야기하기도 했다(그림을 그릴 수 있는 것, 자신의 이야기를 다른 사람 앞에서 할 수 있는 것, 좋은 선생님과 대화할 수 있는 것 등). 10회기를 기점으로 환자의 작업에 대한 주제는 종교에서 점점 '나'에 대한 관심으로 변해 갔다. 그림에는 여전히 사랑을 상징하는 하트가 많이 들어갔는데, 이전의 하트가 하나님의 '사랑'을 의미한 반면 중기에 접어 들어가며 등장하는 하트는 '자신이 사랑하는' 또는 '사랑하고 싶은' 등의 의미로 바뀌었다(그림 66).

그림 66) 15회기 – 요술구슬

환자는 구슬 안의 자신의 모습을 상상하며 그림을 그렸다. 동심의 세계로 돌아간 것 같았으며, 자신이 모든 사람을 사랑하는 천사가 되는 것을 상상해 보았다고 했다.

또한 회기 내에 성경이나 기독교에 관한 이야기가 대부분이었던 환자는 주제를 돌려 치료사나 주치의, 다른 참관자들에게 개인적인 관심을 보였으며, 함께 치료에 참여했던 환자들과의 관계를 형성하기 시작했다.

19회기 '미술치료 과정에 대한 대화'시간 환자는 "선생님, 작가들이 자기가 그린 그림을 모아 놓은 게 있던 데요?" 하고 물었다. 치료사가 "포트폴리오요?"라고 말하자, "네, 저희도 그거 갖고 싶어요."라고 말했다. 환자는 자신의 작업이 변화된 과정을 한눈에 볼 수 있었으면 좋겠다고 말하면서, 자신과 같은 정신분열증환자도 무엇인가(미술치료) 하고 있다는 사실이 기쁘다고 설명했다. 다른 환자들도 그 말에 동의했다.

20회기 자유화 그리기 시간에 환자는 나무를 한 그루 그렸다(그림 67).

그림 67) 20회기 - 나무

사다리와 인물들 사이가 가까운 것은 중요한 관계나 상호작용을 의미하며, 나무는 자아를 대변한다(Burns & Kaufman, 1972). 그림은 환자의 대인관계에 대한 관심을 보여 주는 듯 보인다.

사다리에 사람을 그리고 싶었지만 사람을 잘 그리지 못해 그리지 않았다고 설명했다. 가느다란 나무기둥과 가지에 비해 큰 사다리가 불안정한 느낌을 주기는 했지만 3회기 때의 나무 그림과는 사뭇 다른 느낌을 주었다. 20회기의 '나무'는 3회기 '나무 그리기'에 비해 완성도는 떨어졌지만 '처음 열매를 맺기 시작한 어린나무'이고, 앞으로 계속 성장할 나무라고 말하는 환자에게서 이전과는 다른 모습을 느낄 수 있었다. 환자는 나무에 자신이 좋아하는 7을 연상해 7개의 열매만을 그렸지만 앞으로 이 나무에 열매가 많이 열려서 많은 사람들이 실컷 먹을 수 있을 거라고 설명했다.

환자의 그림에서 느껴지는 가장 큰 변화는 정적 이미지에서 동적 이미지로의 전환이다. 환자의 그림은 밝고 화려한 색채를 사용했음에도 불구하고, 외롭고 쓸쓸한 느낌을 주었다(**그림 68**).

그림 68) 13회기 - 나의 정원

뾰족한 창살의 담과 또 그를 포위하고 있는 나무들이 담 뒤로 보이는 바다와 더불어 외부세계와 단절된 듯한 느낌을 준다. 또한 바다와 정원 안에 있는 아무것도 살고 있지 않은 연못은 환자의 우울함을 나타내 주고 있다. 이처럼 '물'에 대한 소재가 등장하는 것은 '우울'과 관련된 것으로 해석된다.

그러나 미술치료 후기에 다가가면서 환자의 작업은 역동적인 모습을 드러내며(그림 69, 그림 70), 집단원 간의 상호작용이 활발하게 일어날 수 있는 매개체 역할을 하였다.

마지막 37회기(석고로 손 뜨기), 환자는 석고작업에 많은 흥미와 관심을 보였다(그림 69). 주먹 쥔 손을 선명하게 찍은 환자는 자신이 들은 환청을 이야기했다. "좋은 일을 위해 유리창을 깰 수 있느냐?"라는 환청이었다. 환자의 말은 조금 이해되기 어려웠지만, 환자는 작업을 하면서 다시 같은 환청이 들리면 그 환청에게 "옳은 일을 위해 내 손을 쓸 수 있다."라고 대답하겠다고 말했다. 환자는 자신의 주먹은 위기에서 사용되는 정의의 주먹이라고 말하며 투병에 대한 강한 의지를 나타냈다.

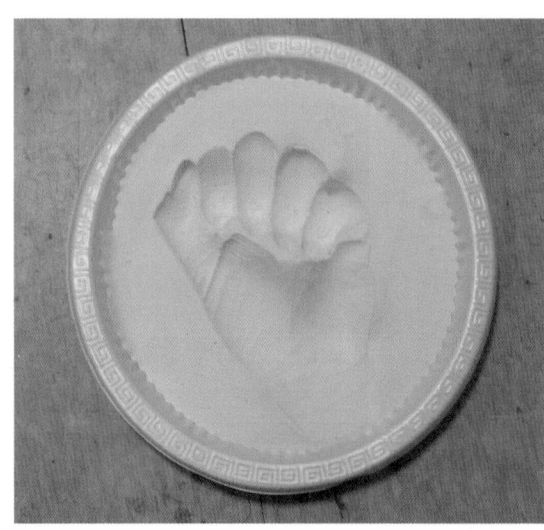

그림 69) 37회기-손

주먹 쥔 손은 분노를 억압하거나, 반항적인 의미로 해석되기도 하지만(Buck, 1948; Jolles, 1964), 환자의 작업과정에서 느껴지는 주먹은 회기의 종결에 따른 어떤 의지나 결심과 같은 의미로 표현되었다고 생각된다. 환자는 이날 자신의 작업에 대해 큰 만족감을 표현했다.

서○○ - 치료 초기 환자의 작업의 소재는 '식생활'과 관련된 것이 대부분이었다. 특히 과일을 소재로 한 그림이 많았는데 어떤 상징적 의미가 있다기보다는 오래된 병동생활 속에서 풍족하지 못한 식생활에 대한 불만이나 요구사항에 대한 표현으로 보였다(그림 70).

그림 70) 2회기 - 문안의 세계

환자는 냉장고 안의 파인애플. 참외, 쇠고기 등을 표현하였다. 환자 자신의 본능적인 욕구가 미술작업에 반영된 것으로 보인다.

치료에 참여한 집단원 모두가 그랬듯이 환자 역시 치료 초기에는 관심 영역이 자신에게만 맞춰져 있었고, 집단 안에서의 상호작용보다는 주로 자신의 이야기만을 알아들을 수 없이 횡설수설 늘어놓고 회기를 마감했으며, 유·아동들에게서 나타나는 의존적 성향을 자주 보였다. 환자는 회기 내에 아이들처럼 응석을 부리며 맛있는 것을 사달라며 조르기도 했다.

그러나 그런 과정 속에서도 3회기부터 환자는 자신의 그림에 제목을 붙이며, 그림에 대한 자신의 생각들을 더듬거리며 설명하기 시작했다. 환자는 임○○와 마찬가지로 자신이 가지고 있는 병에 대한 인식이 뚜렷해 보였는데 3회기 '나의 나무 그리기'(**그림 71**)는 환자의 이런 상황을 엿보게 한다.

그림 71) 3회기 – 나의 나무

환자가 그린 나무와 오랫동안 병들어 노랗게 변한 자신의 얼굴. 얼굴의 모습이 생략된 것은 대인관계에 있어 도피적이고 피상적이며(Kaufman, 1972), 부적절한 환경적 접촉을 의미한다(Machover, 1949). 나무줄기에 부적절하게 붙어 있는 가지와 비정상적으로 긴 목, 눈, 코, 입의 생략 등은 정신분열증환자 그림에서 자주 보이는 특징이다(Navratil, 1966).

미술치료 과정에서 보인 환자의 가장 큰 변화는 언어표현력의 상승과 소재의 변화였다. 10회기까지의 환자의 10작품 중 7개의 작품이 모두 김밥, 딸기, 사과, 토마토 등 음식으로만 이루어진 작업이었다. 그러한 소재는 11회기 이후부터는 등장하지 않았다(환자는 자신의 욕구를 그림으로 그려 내면서 해소시켰을 거라 추측된다.). 또한 작업 소재에 대한 관심도 인물로 옮겨 갔다. 그와 함께 작업결과도 높은 완성도를 보여 주었는데, 이는 환자의 미술작업에 대한 집중력과 표현하려는 욕구가 상승됨을 말해 주고 있다(그림 72).

그림 72) 15회기 - 요술구슬

환자는 요술구슬 속에 나타난 자신의 모습을 그렸다. 환자의 젊었을 때 모습을 표현했으며, 표현하는 과정 중에 자신이 현재 입고 있는 옷을 관찰하여 그렸다. 회색빛 얼굴은 자신의 창백한 모습을 표현했다고 설명했다. 커다란 눈과 붉은 입술 등이 '3회기· 나무와 함께 그렸던 자신의 모습과 큰 대조를 이루었으며, 초기의 작품과는 달리 매우 높은 완성도를 보여 주었다. 특히 사실적 묘사를 위해 자신을 관찰했다는 점은 환자의 큰 변화라 할 수 있다. 이날 환자는 자신의 작업에 큰 만족감과 자신감을 보였다.

그림의 변화와 함께 극도로 의존적이던 모습들은 사라지고, 환자는 작업의 표현력과 발표력에서 놀라운 변화를 보여 주었다(그림 73). 환자는 집단원 모두의 작업에 관심을 가지고 도움을 주거나 격려와 칭찬을 해 주었고, 잘 그리려는 욕심과 더불어 다른 환자와 경쟁하는 모습을 보이기 도 했다(환자는 자신의 작업에 조금 잘못된 부분이 있으면 치료사에게 다른 환자에게 꿀리기 싫다면서 다시 그리겠다고 말하기도 했다.). 주치의 역시 집단원 중 서○○의 변화를 우선으로 꼽았다.

그림 73) 17회기 명화 감상 후 그리기

세계 유명화가의 작품을 감상하고 그리고 싶은 그림을 그리도록 하는 시간을 가졌다. 환자는 피카소의 그림에 무척 관심을 보였다. 15분 정도의 감상시간을 가진 후 환자는 이 작품을 그려 냈고, 한 번 감상한 것으로 피카소의 작품과 유사하게 그려 냈다는 점에서 참관자와 집단원을 놀라게 했다. 환자는 지금까지는 잘 쓰지 않았던 화사한 색채로 작업을 해냈고 그 과정은 무척 진지했으며, 이러한 형태의 작업은 후기 과정에서도 가끔 보였는데, 피카소 작품에 대한 환자의 관심을 나타내 주고 있다.

회기가 후기에 접어들어 가면서 날씨가 추워지자 환자는 치료 종결에 대한 불안과 함께 다시 미술치료에 참여할 수 있느냐 하는 질문을 자주 했다. 환자들 중 일부는 마지막 시간을 위해 파티를 열자고 하기도 했다. 주○○가 족발이 먹고 싶다고 말하자 서○○는 "난 족발 같은 거……

그런 거 안 먹어도 되니까 미술치료를 계속했으면 좋겠어." 하며 아쉬움을 나타냈다. 그동안 먹는 것에 대한 관심과 욕구불만으로 가득했던 환자의 큰 변화로 보인다.

31회기(내 방에 걸고 싶은 그림 그리기)에 환자는 자신도 자신의 여동생처럼 대학을 졸업하고 싶었다면서 졸업 사진을 그렸다(그림 74).

그림 74) **31회기 – 내 방에 걸고 싶은 그림**

어떤 환자는 이룰 수 없는, 이미 유년기에 묻어 버린 소원들을 그림으로 그려 내고 불만을 터뜨리기도 한다(Schmeer, 1998). 환자가 가지고 싶다는 졸업사진은 과거에 이루지 못한 소원을 표현한 듯하다.

환자는 회기의 주제를 알려 주자마자 거침없이 그림을 그렸고, 그 모습은 매우 진지해 보였다. 자신은 열심히 공부해서 좋은 대학을 졸업하고, 좋은 직장에 다니는 동생이 늘 부러웠다면서 자신도 공부를 열심히 해서 이런 졸업사진과 졸업장을 갖고 싶다고 했다. 환자의 이런 말에 정○○,

신○○ 등도 학업에 대한 미련과 아쉬움에 대해 이야기했다. 환자는 그래도 병원에서 미술치료를 할 수 있어서 좋다고 웃었다. 질병 외에도 환자들은 학업을 계속할 수 없었던 이유가 있어 보였고, 그래선지 매끄럽지 못한 언어표현에도 불구하고 대화를 끌어가는 모습들이 진지해 보였다.

37회기 석고로 자신의 손을 뜨는 과정에서(그림 75), 치료종결을 제일 아쉬워했던 환자는 마지막 회기에 의미 있는 표현을 함으로 치료사에게 여운을 남겼다.

환자는 석고에 손을 담고 석고가 굳어 가기를 기다리면서 옛날보다 두껍고 굵어진 자신의 손을 보았다고 했다(자신의 손은 무척 가늘었는데, 사는 동안 일을 많이 해서 손이 커졌다고 했다.). 환자는 손을 보면서 게으르지 말고 봉사하면서 살아야겠다는 생각이 들었다면서, 기회가 되면 석고로 직접 자신의 손을 만들어 보고 싶다는 말을 하며 마지막 미술치료 작업을 마쳤다.

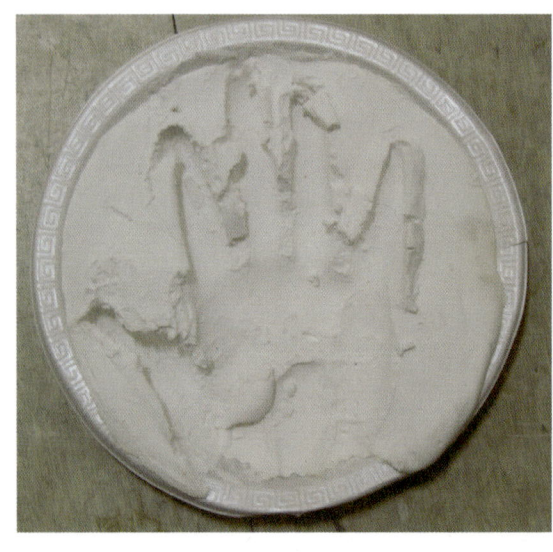

그림 75) 37회기 - 손

서투른 솜씨로 진행된 이 작업은 환자에게 많은 의미를 남겨 주었다.

그림 76) 4회기 - 자화상

환자의 초등학교 1학년 때의 모습. 팔, 다리, 몸통
이 각각 분리된 모습과 기형적인 손발의 형태는
정신분열증환자의 그림에서 자주 볼 수 있는 특징
이기도 하다(Navratil, 1966).

신○○ – 집단원 중 인지기능이 가장 떨어진다고 생각되는 환자는, 말
이 거의 없었고 그림의 형태에 있어서도 기형적인 표현을 보여 주었다
(그림 76, 그림 77). 또한 미술치료 과정에서도 많은 어려움을 느껴 작
업을 늦게 시작하거나 치료사의 도움을 요구하는 경우가 많았다. 치료 초
기에는 다른 집단원의 그림을 보고 그리는 모습도 간혹 관찰되었다.

그림 77) 5회기 - 봄

철쭉과 철쭉을 비추고 있는 태양을 그렸다. 봄이라는 주제는 인식한 듯하
나 태극무늬의 태양과 형태를 알아보기 힘든 철쭉 등이 바탕색과 분리되
지 못한 채 어지럽게 그려져 있다.
이러한 그림형태는 정신분열증환자의 그림에 자주 나타난다.

그림 78) 8회기 - 자연 만다라

이전의 작업들과는 달리 깔끔하고 정돈된
만다라 작업. 야외작업이 무척 즐거웠고
그래서인지 하와이 원주민들의 춤이 생각
나서 그 느낌을 표현했다고 했다. 원을 따
라 붙여진 나뭇잎을 보고 있노라면 마치
원을 도는 듯한 사람들의 모습이 느껴지기
도 한다. 자연물들을 이리저리 옮겨 보며
꼼꼼하게 붙여가는 작업과정은 환자의 감
각능력을 향상시켜 줌으로 미술치료 과정
안에서 많은 변화를 느끼게 해 주었다.

128

7회기까지 환자의 미술활동에서의 표현은 크게 변화를 보이지 않았지만, 회기가 진행되면서 환자의 의사표현능력은 무척 향상되었다. 치료사에게 물어보거나 도움을 청하는 것 외에는 말을 전혀 하지 않았던 환자가 다른 환자들의 작업에 관심을 갖고 도움을 주거나, 회기의 주제에 관한 이야기를 하는 모습 등이 자주 관찰되었고 자신의 작품을 발표하는 과정에서도 자신의 표현과 의도를 비교적 잘 전달하였다. 8회기 '자연 만다라'는 환자의 정돈되어 가는 모습을 잘 반영해 주고 있다(그림 78).

그림 79) 22회기 - 명화그림 완성하기

고흐, 몬드리안, 뭉크 등의 작품의 일부분을 지우고, 그 부분을 환자들에게 상상하여 그리는 시간을 가졌다. 다른 환자들이 자유로운 작업이 가능했던 고흐, 뭉크의 작업을 선택했던 반면 환자는 그리기 쉬워서 이 작품을 선택했다고 했다. 환자는 이 작품에 들어갔던 것과 유사한 색의 크레파스들을 골라 손에 쥐고 끝날 때까지 놓지 않은 채 이 그림을 그렸다. 환자에게서 처음 보이는 모습이었다.

환자의 미술치료 과정에서 보인 변화 중 하나는 주제에 대한 소재의
선택이기도 하다. 환자는 낮은 인지기능과 오랜 투병 생활, 투약에 대한
부작용으로 손동작이 매우 느렸고, 다른 환자들에 비해 표현력이 부족하
였다. 그래서인지 자신의 작업에 대한 자신감을 갖지 못하고, 의존적이거
나 다른 환자들의 그림을 모방하여 그리는 모습이 관찰되기도 했는데, 회
기가 진행되고 집단 안에서 어떤 경쟁이 조금씩 생겨나면서, 비교적 표현
하기 쉬운 소재를 선택하는 모습을 보이기 시작했다(그림 79)(그림 80).

그림 80) 17회기 - 명화 감상 후 그리기

　　여러 작가의 그림을 감상한 후 그린 환자의 작품은 피카소의 '순대와 계란'을 보고
그린 그림이다. 그림 감상에 어려움을 보였던 환자는 이 그림이 따라 그리기 쉬울
거라고 생각되어 그렸다고 말했다. 치료 초기에 환자는, 주제가 어렵다고 생각되면
치료사에게 도와 달라는 부탁을 했지만, 그런 의존적 모습이 사라지면서 자신의
능력 안에서 쉽게 그려 낼 수 있는 소재를 선택하는 모습을 보였다.

미술치료가 개인의 독특한 창작 과정을 포함하고 있다는 점에서 환자의 이런 모습은 아쉬운 점을 주기는 하지만, 미술치료 과정이 무기력했던 환자에게 어떤 동기를(경쟁심 혹은 잘해야겠다는 의지) 부여했다는 점에서 그 해석은 달라질 수 있을 것이다.

미술치료를 진행하면서 환자에게 가장 중요하다고 느꼈던 부분은 '자신감'이었다.

집단치료는 그 특성상 집단원의 활발한 상호작용을 필요로 하기 때문에 치료사는 작업과정이 마치면 늘 집단원들에게 특별히 마음에 드는 작품이나 관심 있는 작품, 또 그에 대한 느낌들을 물어보았다.

다른 환자들이 자기 자신의 작업에 만족감을 드러내며 이야기하는 모습을 보이는 반면 환자는 늘 "저도 잘 그렸으면 좋겠어요.", "넌 너무 잘 그린다.", "너무 어려워서……" 등 자신 없는 태도로 일관하였다. 환자에게는 많은 격려와 지지가 필요했고, 치료사는 환자가 치료과정에서 보여 준 크고 작은 변화들에 대해 아낌없는 찬사를 보내 주었다. 이런 과정이 반복되면서 늘 조용했던 환자는 생기를 띠며 자신의 작업에 대한 만족감과 자신감을 드러내기 시작했다(**그림 81**).

그림 81) 29회기 - 가면 만들기

늘 다른 집단원의 그림에만 찬사를 보냈었던 환자는 이 작업에서 큰 만족감을 드러냈다. 봉산탈춤이 생각나서 만들었다고 했다. 이를 드러내며 익살스런 표정을 하고 있는 가면의 모습이 늘 조용하기만 했던 환자와 대조적으로 보였다. 환자는 작업발표에서 이 가면을 쓰고 탈춤을 추고 싶다고 말하며, 자신의 가면이 제일 맘에 든다고 자신 있게 이야기 했다.

치료가 종결에 가까워지면서 환자는 간혹 섭섭함을 드러내기도 했지만 즐겁게 참여했고, 작업에 집중하면서도 다른 환자들에게 도움을 주거나 배려하는 모습들을 보여 주었다. 치료 초기 많은 의존성을 보였던 환자와 비교해 볼 때 큰 변화라 생각되었다.

37회기, 환자는 자신의 손바닥을 석고에 찍으면서 무척 신기해했다(그림 82). 어떤 활동에 대한 결과를 기다려야 알 수 있다는 사실이 흥미로웠다고 했다.

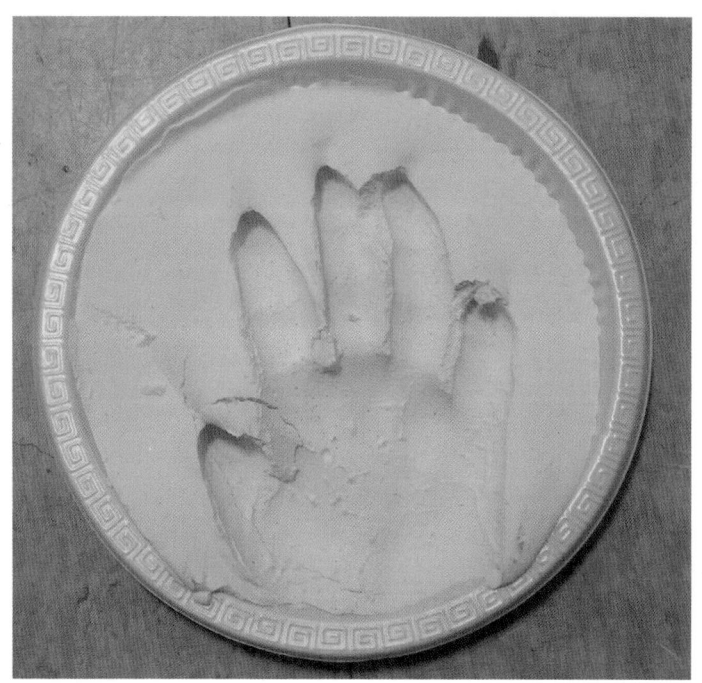

그림 82) **37회기 - 손**

환자는 처음 대하는 석고작업이 무척 신기하다고 했다. 오래되었지만 음식을 만들기 위
해 밀가루 반죽을 했던 기억이 떠오른다며 무척 즐거워했다. 환자는 작업 결과보다는 과
정과 재료에 대한 흥미에 관심을 두었던 것 같다.

   환자는 자신의 석고가 너무 묽게 만들어졌고, 또 손을 너무 일찍 뺐기
때문에 석고가 조금 무너진 것 같다면서 자신의 실수를 지적해 냈다(환자
스스로 그 사실을 알아낸 것이 놀랍게 느껴졌다.). 그러나 그것에 대해 실
망하는 모습은 보이지 않았다. 환자는 "다음에 하면 더 잘할 수 있을 것
같아요."라고 말했다. 환자는 이렇게 다음에 대한 기대감과 여운을 남기
며 마지막 작업을 끝냈다.

최○○ – 환자의 주된 문제는 고립된 성격과 그로 인한 대화단절이었다. 치료 초기 환자는 자신을 드러내지 못하고 주제와 상관없는 만화 그림을 자주 그렸으며(**그림 83**), 치료사의 질문에도 "네", "아니오." 두 가지의 짧은 답변만을 했다.

그림 83) 1회기 – 이름 꾸미기

환자는 정면, 측면의 여성을 볼펜으로 거침없이 그렸다. 자신의 모습은 아니라고 했다. 4회기 '자화상 그리기'에서도 역시 환자는 자신을 그리지 못했다. 환자는 색을 쓰지 않았고, 연필, 볼펜을 요구했다. 그림에는 촛불, 새 등이 자주 등장했는데, 이는 사랑, 온정, 자유에 대한 욕구나 갈망의 표현으로 해석되기도 한다(Burns, 1982).

　늘 말이 없었던 환자는 6회기에 들어가면서 작업에 자신의 과거를 그림에 드러냈다(그것은 10회기 이후에 알게 되었다.)(**그림 84**).

그림 84) 6회기 - 콜라주(소망의 나무)

소망하는 것들을 표현하는 시간, 환자는 '아름다운 사람들'이라는 제목을 붙이고 속옷
차림의 여성과 산타크로스사진을 오려 붙였다. '네, 아니오'의 대답만 했던 환자이므로
치료사의 질문에 의해 환자의 생각이 바뀔 수 있음을 감안하여 치료사는 많은 질문을
하지는 않았다. 이날의 작업이 환자가 자신의 이야기를 시작하는 첫날이었음을 10회기
이후의 작업에서 알게 되었다.

그림 85) 10회기 - 찰흙으로 만들기

환자가 과감하게 표현한 과거의 애인
과 그의 성기. 자신이 나이트클럽에서
댄서로 일할 때 사귀었던 사람이라고
했다. 주치의는 환자들이 장기 입원으
로 오랫동안 성적인 욕구가 억제되어
왔고 찰흙을 주무르는 과정에서 그런
욕구들이 나타난 것 같다고 설명했다.

환자의 작품에 나타난 형상들은 환자들과 치료사, 집단원과의 상호작용에 충분한 매개체가 되어 주었으며, 이후 환자의 작업에서는 과거에서부터 현재에 이르는 자신의 상황과 그에 대한 생각들이 나타났다. 언어로써의 표현에 익숙하지 못했던 환자는 작업과정 안에서 자신이 하고 싶은 말들을 그대로 드러냈다(그림 85, 그림 86).

그림 86) 11회기 – 셀프박스 만들기

환자가 상자로 만든 자신이 일하던 클럽의 전광판과 네온사인. 화려한 장식과 여성의 사진이 환자가 표현하려는 모습을 잘 나타내고 있다. 환자는 이곳에서 댄서로 일했으며 번쩍거리는 조명을 표현하지 못한 것이 아쉽다고 얘기했다. 환자는 이곳에 무척 애정이 있어 보였다.

그리고 그러한 표현이 계속 표출되면서 짧긴 하지만 미술치료 과정에서의 느낌이나 생각들을 언어로 표현하기 시작했다.

10회기는 환자의 작품이 화제가 된 날이기도 했다. 찰흙을 5분 정도 주무른 뒤 자신이 원하는 것을 만들어 보았다. 환자는 찰흙을 길게 주무르면서 즐거워했다. 그때까지 환자가 무엇을 만들지 아무도 예상하지 못했다. 이윽고 환자는 남자의 성기와 한 남성의 얼굴을 만들었다. 환자의 작업으로 다른 집단원은 킥킥 웃으며 쑥스러워하기도 하고, 비슷한 형태의 물건을 만들기도 했다. 찰흙작업에서의 느낌을 묻자 환자는 "너무 황홀했어요."라고 대답했다. 환자는 그 남성이 자신이 예전에 사귀었던 사람이고, 그 성기 역시 그 남자의 것이라고 얘기했다. 이름은 ○○○이고 그 사람이 너무 보고 싶다고 얘기했다. 환자는 자신의 과거에 대한 이야기를 조금씩 꺼내 놓기 시작했다. 환자는 자신을 열어보며 타인과의 대화를 시작했다.

회기가 진행되는 동안 환자는 심한 관절염으로 인해 간호사의 부축을 받으며 치료에 참가하거나 심한 날은 치료에 참석하지 못했다. 환자는 자신의 이러한 상황을 작업에 표현하며 괴로움을 호소했다(그림 87)(그림 88).

불편한 몸에도 불구하고 환자는 꾸준히 치료에 참석했고, 관절염 치료를 꾸준히 받게 되면서, 힘들긴 하지만 간호사의 도움 없이 미술치료에 참석할 수 있게 되었다.

그림 87) 22회기 – 명화 그림 완성하기

고흐, 몬드리안, 뭉크 작품의 일부분을 지우고, 그 부분을 환자들에게 상상하여 그리는 시간을 가졌다. 환자는 뭉크의 '절규'를 선택했고 박쥐와 해골, 뼈 등을 그렸다. 환자는 이 작품의 제목을 작가와 같이 '절규'라고 하고 싶다고 했다. 그 이유를 묻자 환자는 자신의 관절염이 너무 고통스럽기 때문이라며, 그림 속의 박쥐가 남자를 공격할 것 같다고 했다. 해골이나 뼈 등이 그림에 등장하는 것은 죽음에 대한 공포를 의미하거나, 이러한 공포를 극복하려는 노력을 의미한다(Navratil, 1966).

그림 88) 29회기 – 가면 만들기

관절염이 심해진 환자는 한동안 치료에 참석하지 못했고, 체중이 무려 8kg이나 줄어 있었다. 환자는 할로윈 파티가 생각나서 이 가면을 만들었고 원한이 맺힌 해골이기에 피 눈물을 흘리고 있다고 했다. 가면은 환자의 힘든 상황을 그대로 설명해 주고 있다. "고통으로 인한 증세가 창작행위로 옮겨질 수 있을 때 그림은 해방감을 주는 과정이 된다. 그리는 사람은 바로 설 수 있게 되고 과중한 짐에서 벗어나게 된다."(Riedel, 1992) 환자는 이러한 작업이 몇 차례 보이며 비로소 평온을 되찾게 되었다.

이와 함께 환자의 작업에 표현되었던 고통스런 모습도 사라졌으며 이전보다 밝아진 자신의 세계를 작품 속에 표현하며, 자신의 미래에 대한 계획을 보여 주었다(그림 89).

그림 89) 내 방에 걸고 싶은 그림

만난 지 오래된 연인의 모습을 밝은 색채로 표현했다. 너무 사랑하는 사이라고 했다. 임○○가 "오래됐는데 아직도 사랑해?", "희망사항 아냐?"라고 묻자 환자는 말없이 웃었다. 이날 환자는 이렇게 살 수는 없다면서 치료사에게 만화를 그려 돈을 벌고 싶다고 제대로 배울 수 있게 만화가를 소개시켜 달라고 부탁했다.

작품과 함께 환자는 변화되고 있었다. 그리고 그런 변화와 함께 그동안 드러내지 않았던 자신의 모습을 표현했다(그림 90). 환자는 자신을 사랑하고 있음을 작업을 통해 보여 주고 있었다.

그림 90) 35회기 - 인형 만들기

그동안 자신의 모습을 한 번도 표현하지 않았던 환자는
이번 회기의 작업에서 자신의 모습을 인형으로 만들었다.
과거에 나이트클럽 무대에서 춤출 때 자신의 모습이라고
설명했다. 환자는 지금은 관절염 때문에 춤을 출 수 없지
만 건강해지면 꼭 다시 한 번 춤을 춰 보고 싶다고 했다.
그리고 자신은 이런 장식을 좋아하는데 병원에선 할 수
없다면서 이렇게 인형으로라도 표현할 수 있어서 너무 다
행이라고 했다. 빈 인형 틀에서 머리부터 의상까지 꼼꼼히
표현해 가는 정성 어린 모습에서 자신을 사랑하는 환자의
모습을 볼 수 있었다.

37회기 마지막 작업시간 - 환자가 남긴 말은, 미술치료 과정이 환자에
게 어떤 의미를 주었는가를 생각하게 한다.

"그동안 저는요. 아무 생각 없이 그냥 남이 하라는 대로만 했어요. 그
리고 아무 생각 없이 대답했는데요, 그런데 앞으로는 잘하고 싶어요. 그
런 생각이 들었어요."

주○○ - 환자는 1회기부터, 그림에 자신의 강한 이미지를 드러내며 이
루지 못한 꿈에 대한 아쉬움을 표현했다(**그림 91, 그림 92**).

그림 91) 1회기 – 이름 꾸미기

자신의 이름을 꾸미고, 자신을 소개하는 시간 환자는 크레파스를 사용했지만 포스터 같은 느낌의 그림을 한 장 그려 냈다. 그림 상단에는 LEADER라고 크게 써 넣었다. 자신의 꿈은 지도자이며, 판사나 검사가 되는 것이 소원이었지만 이루지 못해 섭섭하다고 했다. 환자의 작업은 덧칠과 혼합이 쉬지 않고 계속되었는데, 이 역시 정신분열증환자들에게서 자주 관찰되는 모습이다(최현진, 2004). 강한 색의 대비와 그림의 표현에서 환자가 가진 에너지가 느껴진다.

그림 92) 4회기 – 자화상

"그림은 자기애적 인격의 틈을 채울 수 있다. 환자는 성공된 그림에서 '전체'로서의 치유를 경험한다. 완성된 그림은 그에게 다시 반사되며, 자신을 그것과 동일시할 수 있다."(Schmeer, 1998) 그런 이유에서였을까? 자화상을 그리는 시간에 환자는 자신이 소원하는 지도자의 모습을 그렸다. 긴 머리와 짙은 화장을 함에도 불구하고 그림 속의 인물은 중성적인 모습과 함께 강한 이미지가 느껴진다. 환자는 자신의 자화상에 매우 큰 만족을 보였다.

환자는 어떤 외부의 자극에도(다른 환자의 칭찬, 웃음소리, 소음 등) 전혀 반응을 보이지 않고 오직 자신의 작업에만 집중했다. 늘 자신의 작업에 열중해 있는 환자의 모습은 자신만의 세계에 갇혀 있는 사람으로 보였다.

치료사가 집단원과 상호작용을 하도록 유도해 보아도, "모르겠는데요.", "예", "아니오." 등의 짧은 대답을 하고 이내 자신의 그림 속에 빠져들었다. 환자는 매우 폐쇄적으로 보였다.

환자는 다른 집단원의 그림에는 전혀 반응이 없었으며, 늘 자신의 작업에 대한 만족감을 표현하며 회기를 마쳤다. 주치의에 의하면 환자는 나르시스적인 성향이 매우 짙었다.

이런 환자의 모습은 큰 변화 없이 치료 후기까지 계속되었지만, 독특한 표현력과 강한 이미지로 다른 환자들의 작업에 큰 자극을 주며 작업을 촉진시켰다.

환자는 집단 안에서의 상호작용보다는 자신의 작업을 표현하고 몰두하기를 즐겼다(그림 93).

그림 93) 20회기 - 가고 싶은 곳

피서를 가고 싶어서 그린 환자의 작품. 해변. 텅 빈 벤치와 파라솔, 텅 빈 바닷가 등은 환자의 대인관계에 대한 어려움을 상징적으로 나타내준다.

그림 94) 17회기 - 명화 감상 후 그리기

유명화가의 그림들을 감상한 후 환자는 꽃이 가득
담긴 화병을 그렸다. 화려한 색채의 꽃들을 마치 유
화처럼 표현했다. 정○○는 환자의 그림이 '빈틈없
는 그림'이라고 표현했다. 비록 꽃병 하나이지만 환
자의 그림에선 많은 에너지가 느껴진다.

그림 95) 10회기 - 찰흙으로 만들기

환자는 찰흙을 주무르면서 첨성대를 만들고 싶었지
만, 찰흙이 모자랄까 봐 대신 컵을 만들었다고 했다.
환자는 컵을 크게 만들기 위해 밑바닥은 만들지 않
았다고 했다. 최○○의 작업(남성의 성기를 만든
것)으로 치료실 안은 숨죽은 웃음소리와 함께 계속
들뜬 분위기였지만 환자는 아랑곳하지 않고 자신의
작업에만 관심을 기울였다.

그러나 많은 시간과 열정을 기울여 작업을 했음에도 정작 자신의 작업
에 대해서는 말을 많이 하지 않았다. 환자는 묵묵히 자신의 작업에만 전

넘하기를 원하는 것 같았다. 환자의 치료 초기와 후기의 작업에는 큰 변화가 보이지 않았고, 환자의 행동에서도 역시 변화가 보이진 않았다. 단지 미술치료가 진행되면서 치료사와의 관계가 조금 호전될 뿐이었다.

그러나 이런 치료사나 참관자의 견해에도 불구하고 환자는 미술치료 과정이 자신에게 많은 치유적인 힘이 되어 주었다고 말했다. 아마도 그것은 타인에게 비춰지는 변화와 상관없이 작업과정에서 자신만이 느꼈던 환자의 주관적인 독특한 경험 때문일 거라 생각된다.

환자의 치료를 종결하면서 '자신 스스로 역동적으로 참여해야 하는 치료'의 효과를 치료사가 평가할 수는 없다는 생각이 들었다.

마지막 작업인 37회기 석고로 손을 뜨는 과정에서 환자는 석고가루가 굳어 가면서 자신의 손이 조여 오는 느낌이 들었으며, 석고가 굳은 뒤 손을 빼는 순간 너무 시원하단 생각이 들었다고 했다. 그리고 환자는 다음과 같이 말했다.

"내 손이 없어지지만 않았으면 좋겠어요. 제 손이 소중하다는 것을 알았어요."

38회기의 마지막 미술치료 과정에서의 환자의 말은 환자에게 있어 미술치료의 의미를 다시 한 번 되새겨 주는 것 같다.

이○○ - 환자는 항상 힘없는 모습으로 치료에 참석했다. 그림에 관심이 없어 보였으며, 자신의 의지가 아닌 주치의의 권유로 치료에 참석한 것 같았다. 환자의 그림은 항상 허전한 느낌을 주었으며, 작업시간 또한 짧았다. 간혹 환자는 자신이 가진 망상을 그림 속에 나타내기도 했다(그림 96).

그림 96) 3회기 - 나의 나무 그리기

환자는 독특하게 야자수를 그렸다. 환자는 처음에 제주도에 여행을 가고 싶어서 그렸다고 했다가, 자신이 다녔던 미국 마이애미고등학교 앞 해변가의 야자수를 그렸다고 설명하며 횡설수설한 모습을 보였다.

환자는 4회기(자화상 그리기)에 주제를 듣고는 피곤하다면서 치료실을 나갔다. 그러나 환자가 이날 불참한 이유가 피곤해서가 아니가 인물화를 회피하고 있기 때문이라는 사실을 그 후에 진행되는 작업들을 통해 알게 되었다.

이처럼 인물에 대해 그리기를 거부하는 것은 대인관계의 불편함을 의미한다.

환자는 늘 피곤해했으며, 작업을 빨리 끝내고 시선을 땅에 고정시킨 채 힘없이 앉아 있었다. 치료사가 묻는 말에 간신히 대답만 할 뿐 말도 거의 없었다. 환자가 웃음을 보이며 집단원과의 대화가 시작된 것은 9회기 작업 '나만의 디스켓'을 만들어 보는 시간이었다. 환자는 자신이 제일 좋아하는 '소방차'의 디스켓을 만들었다(그림 97). 그리고 소방차의 '통화 중'이라는 노래를 아냐고 치료사에게 물어봤다. 치료사가 안다고 하자 환자는 소방차 멤버에 대한 기억들을 떠올리며 말문을 열기 시작했다.

그림 97) 9회기 - 나만의 디스켓

환자의 작업은 간단하게 그려졌지만 이 회기는 환자에게 과거의 회상과 함께 즐거움을 주었다. 환자는 자신이 너무 우울하기 때문에 신나는 노래가 좋으며 지금 생각나는 노래는 '통화 중' 하나밖에 없다고 했다. 환자는 이날 많은 웃음을 보여 주었다.

9회기 때부터 작은 변화를 보인 환자는 집단원과의 대화가 늘어나기 시작했고 자신의 작업에 작은 애착을 보이기도 했으며, 때론 작업 안에서 자신의 부족함을 지적하기도 했다. 환자는 15회기에 처음으로 작업에 인물을 그렸다. 엄마, 아빠, 자신이 함께 외출을 하기 위해 집을 나서는 모습이었다(그림 98).

그림 98) 15회기 - 요술 구슬

구슬에 비춰지는 모습을 상상해 보는 시간. 환자는 가족들과 소풍을 가기 위해 집을 나서고 있
는 자신의 모습을 그렸다. 집과 가족, 그들을 비추고 있는 해의 그림에서 환자가 소망하는 가
족의 사랑과 온정이 느껴진다.

    치료사가 "왜 그동안 인물을 그리지 않았냐?"라고 질문하자 환자는
"잘 못 그려서."라고 대답했다. 치료사가 "잘 그리는데요?"라고 칭찬하자
환자는 "오늘은 비가 와서 우울했었는데, 그림을 그리고 나니까 기분이
좋아졌어요."라며 치료사의 칭찬에 대한 답변을 해 주었다.

    작업에 인물이 보이면서 환자는 가족에 대한 그리움을 조금씩 표현했다.
가족이 면회를 오지 않아서 얼굴을 본 지 오래되었고 보고 싶다고 했다.
또, 이모와 같이 다닌 산책길을 걸어 보고 싶다고 하기도 했다(**그림 99**).
이 그림은 환자의 외로운 모습이 반영된 듯하다.

그림 99) 22회기 – 명화그림 완성하기

뭉크의 그림을 선택한 환자는 달빛 아래 강 한가운데에 빈 배를 하나 그려 넣었다. 제목을 '외로운 남자'라고 정한 환자는 뒤에 보이는 두 사람과 즐거운 시간을 보냈던 남자가 두 사람을 떠나보내고 슬퍼서 울고 있다고 했다. 빈 배는 헤어진 두 사람이 타고 떠날 것 같다고 했다. 그림 속의 '외로운 남자'는 외로움 때문에 우울한, 환자의 모습을 상징적으로 표현하고 있다.

    치료가 후기에 접어들면서 환자는 농담과 웃음을 보였다. 가끔은 힘들어하면서도 인내하며 그리는 모습도 눈에 띄었다. 그러나 가족에 대한 그리움과 자신의 외로움 등은 늘 환자를 우울하게 만들었던 것 같다. 환자는 자신의 감정을 표현하는 작업에서(**그림 100**) 가족과 떨어져 홀로 병원에 남게 된 자신의 마음과 가족에 대한 서운함을 그림에 나타내었다.

    환자는 자신의 마음을 드러내 보이면서 치료과정에 적극 참여했지만, 여전히 인물이 주가 된 주제에 대해서는 강한 거부반응을 나타냈다.

그림 100) **24회기 – 감정 표현하기(효)**

환자가 양손에 무거운 짐을 든 채 병원으로 들어가고 있다. 양손에 들고 있는 짐이 환자가 가
지는 고통을 상징하는 듯했다. 환자는 이때의 감정을 슬픔으로 표현했다.

29회기 '가면 만들기', 35회기 '인형 만들기' 시간, 환자는 강한 거부반
응을 보이며 치료실을 나가 치료사를 당황하게 했다. 37회기의 '석고로
손 뜨기' 과정 역시 같은 반응을 보였다. 환자의 이런 행동은 만족스럽지
못한 자신에 대한 회피로 보였다.

38회기 자신의 포트폴리오를 감상하고 이야기를 나누는 과정에서 환자
는 미술치료는 그림도 그리고 자신의 생각을 이야기할 수 있어서 좋지만,
자꾸만 가족 생각이 나고 집에 가고 싶다는 생각이 든다고 했다. 그러면
서도 환자는 기회가 되면 미술치료에 또 참여하고 싶다고 이야기했다.

미술치료는 환자에게 과거의 회상과 함께 그리움을 불러일으킴으로 가

족의 사랑을 그리워하던 환자의 마음을 자극시켜 주었을지도 모른다. 결과적으로 환자에게 있어서 미술치료는 긍정적 측면과 부정적 측면을 동시에 보여 주고 있었다. 환자의 사례는 치료의 목적은 무엇인가에 대해 많은 생각을 갖게 했다.

정○○ - 치료 초기 환자는 항상 횡설수설하는 모습을 보였으며, 작업에 내용을 알 수 없는 글이 많이 들어갔다(**그림 101**).

그림 101) 2회기 - 문안의 세계

환자의 초기 그림. 천국의 문을 열고 들어가면 이렇게 좋은 세계가 있다고 했다. 그렇지만 무엇이 좋은지 설명을 하진 못했다. 그림 안의 글 역시 무슨 내용인지 잘 이해되지 않았다. 환자는 알 수 없는 이야기를 끊임없이 늘어놓으며 작업을 했다. 그림은 매우 혼란스러워 보였다.

환자는 작업에 자신감이 없어 보였고 작업속도도 매우 느렸다. 한번 이
야기를 시작하면 그칠 줄 몰랐다. 가끔은 임○○와 다투는 모습이 보이
기도 했다.

환자의 작업과 그림은 정돈되지는 않았지만 4회기가 지나면서부터 자신
의 과거를 그림 속에 불러들였고 그것은 치료사로 하여금 환자에 대한 이해
를 돕게 했다. 환자는 자신의 불우한 시절에서부터 현재에 이르는 자신의
상황을 그림 속에서 차례대로 보여 주었는데, 신기하게도 마치 계획이라도
한 듯, 시간의 흐름 속에 정확히 맞춰져 있었다(그림 102, 그림 103).

그림 102) 제4회기 - 자화상

환자의 초등학교 1학년 때 모습. 가정형편으로 단 일주일만을 다닌 학교였지만, 이때가 환자의
유일한 학창시절이었다. 귀걸이, 목걸이의 장식이 어린아이로 생각되지는 않았지만, 좌측에 단
이름표가 1학년 어린 학생임을 보여 주었고 전체적인 느낌이 이전의 그림에 비해 매우 정돈되
어 있다는 생각을 갖게 했다.

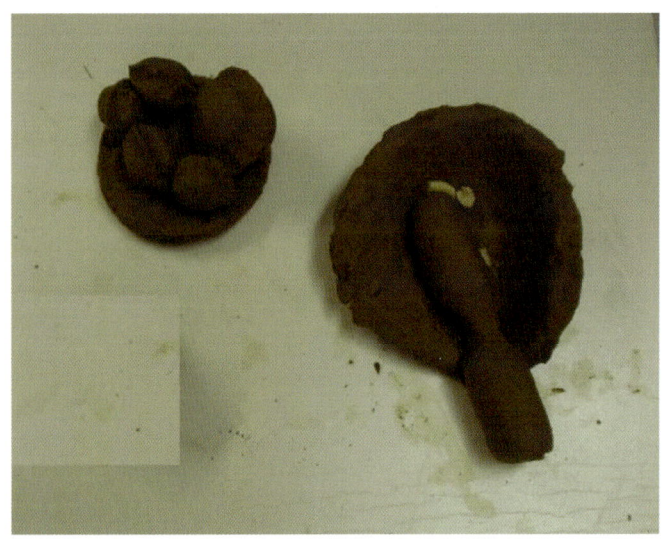

그림 103) 제10회기 - 찰흙으로 만들기

자신이 만두 장사를 하던 때가 생각난다면서 환자가 만들어 본 절구와 접시에 담은 만두. 환자는 작업을 하는 동안 마치 실제로 음식을 만드는 듯 한 행동을 했다. 환자의 작업은 환자가 살아오면서 겪었던 일들을 그대로 보여 주고 있었다. 이 처럼 미술치료과정에는 그림의 주제와 관계없이 과거의 경험들이 자주 등장하는 것을 볼 수 있는데, 이로써 치료자는 환자를 이해하고 치료를 효과적으로 운영할 수 있게 되며, 집단은 공감과 더불어 그를 배려할 수 있게 된다. 점토 작업은 기억의 회생 및 퇴행과 관련된 재료로서 무의식 적인 측면이나 과거의 경험이 즉각적으로 나올 수 있게 한다.

미술치료는 환자의 삶을 돌아볼 수 있는 기회를 제공하였다. 그리고 그 흐름 속에서 환자도 조금씩 변화해 가고 있었다.

초기의 소심했던 모습이 사라지고 환자는 특유의 유머와 재치로 집단 내의 상호작용이 활발하게 이루어질 수 있도록 분위기를 유도하였고, 다른 집단원에게 즐거움을 주었다. 환자는 작업에 자신감을 가지고 치료에 참여하게 되었으며, 치료과정에 나름대로의 계획을 세워 보는 모습도 보였다(그림 104).

그림 104) 20회기 - 스티커 작업

스티커를 이용하여 작업하는 과정에서 환자는 그림을 한 장 가지고 와서 숨긴 채 똑같이 그려
냈다. 그리고 주치의 선생님이라고 이야기했다. 후에 환자는 미술치료 시간에 그리기 위해 일부
러 준비해 둔 사진임을 밝혔다.

    이러한 계획성은 후의 작업에도 몇 번 눈에 띄었으며, 환자는 만족감을
느끼는 것 같았다. 그와 함께 집단원에 대한 배려도 생겨났으며, 작업과정
중 집단원에게 많은 격려와 지지를 보내 주었다. 환자는 미술치료 과정이
자신의 병동생활에 많은 도움을 주고 있으며, 만족감을 준다고 말했다. 환
자는 치료종결이 다가옴을 느끼며, 자신의 작업 안에 치료사에 대한 고마
움을 나타내었다. 그리고 모두의 건강과 행복을 빌어 주었다(**그림 105**).

그림 105) 35회기 - 인형 만들기

허수아비를 만든 후 환자는 치료사의 소원성취와 자신의 소망 등을 적어 넣었다. 이전에 그림에 들어갔던 문장실력과 비교할 때 많은 발전이 있었음을 알 수 있었다. 그리고 종결을 준비하고 있는 환자의 마음도 읽을 수 있었다.

    37회기 석고로 손을 뜨는 작업은 환자를 포함한 집단원 모두에게 많은 의미가 있어 보였다. 서투른 솜씨로 자신이 손을 떴던 환자는 완성된 자신의 손을 보면서 자신의 주름이 나오지 않아 섭섭했다고 했다. 환자는 손을 보며 과거에는 돈을 벌고 집을 사게 해 주었었는데…… 하며 말을 흐리다가 지금은 손이 못생겨졌지만 밥을 먹을 수 있게 해 주고 여러 가지를 사용할 수 있어서 고맙게 생각한다며 손은 자신의 일부분이라고 설명했다.

    치료사는 석고작업이 환자들 스스로 현재의 자신을 인식할 수 있고, 손에 대한 고마움을 통해 자신을 아끼게 된 것 같아 종결에 대한 아쉬움을 조금 덜어 낼 수 있었다.

37회기의 작업과정을 마치고 38회기 마지막 시간에는 그동안 환자들이 미술치료 과정에서 보여 준 작품들을 포트폴리오로 만들어 나눠 주고 감상하는 시간을 가졌다.

치료 초기부터 마지막까지의 작품이 담겨 있는 각자의 포트폴리오를 감상하는 환자들의 모습은 기쁨과 감동으로 가득 찼다. 환자들은 꾸준히 치료에 참여하고 그 결과물을 이렇게 받아 보니 뿌듯한 마음이 든다고 했다.

지난날의 작업을 다시 보는 것에 반가워하기도 하고, 자신의 그림실력이 나아졌다고 기뻐하기도 하면서, 자신이 뭔가 해냈다는 성취감에 감동하는 환자들의 모습은 그 모습 하나로도 미술치료가 그들에게 얼마나 활력을 불어넣어 주었는지 알 수 있게 했다. 환자들은 마지막 시간을 서운해하며 치료사와 다시 만나게 되기를 간절히 희망했다.

이렇게 38회기의 미술치료 과정을 모두 마쳤다.

2. 미술치료 참여 환자의 단계별 변화 특성

공통적으로 연구 대상 환자들은 치료 초기에 주어진 주제에 대해 필요 이상으로 많이 생각하거나, 작업시작에 어려움을 느껴 치료사에게 의지하는 태도를 많이 보였다.

치료 중기에는 치료사에게 친밀감을 형성하려는 듯, 과한 칭찬을 하거나, 신상에 관한 질문을 많이 하는 등 치료 외적인 것에 대한 관심을 보이기도 했으나 회기를 거듭할수록 미술치료에 의미를 두고 자신의 작업과 타인의 작업에 관심을 갖고 적극적으로 참여하는 모습을 보여 주었다.

환자들은 작업을 통해 자신의 외상이나 질병, 가족 등과 관련된 자신의 경험을 집단원과 이야기하고, 서로 격려와 지지를 아끼지 않았다.

특히 집단원 간 서로 도움을 주며 배려하는 모습과 작업이 끝난 후 자신과 다른 집단원의 작업에 대해 역동적으로 이야기를 나누는 모습은 치료 초기와 비교해 볼 때 가장 큰 변화라 생각된다.

연구 대상 환자의 단계별 변화에 대한 개인적 특성은 다음과 같다.

(1) 임○○

초 기

그림 그리는 것을 좋아하지만, 예술 활동이 종교적으로 죄악이라는 그릇된 생각을 가지고 있어서, 미술치료 참가에 대해 종종 망설이는 모습을 보여 주었고 그러한 이유로 불참하기도 했었다. 그림의 표현과 내용 역시 종교적인 느낌이 강했다. 회기의 대부분을 종교(기독교)에 관한 이야기로 일관하였다.

중 기

미술활동에 관심과 흥미를 가진 환자는 적극적으로 회기에 참여하면서 주제가 종교에 관한 이야기에서 자신에 대한 관심으로 변화하였다. 그러면서도 자신의 미술활동이 죄가 되지는 않을지? 걱정하는 모습을 보이기도 했다. 그러나 미술치료에 적극성을 보였으며, 다른 집단원의 작업에 많은 관심과 격려를 보냈다.

후 기

후기에 들어와서는 종교에 대한 이야기가 거의 나오지 않았다. 생각해 보니 종교와 예술은 전혀 상관없다는 생각이 들었다면서 열심히 치료에 참여하겠다고 했다. 환자는 회기의 주제에 많은 관심을 보이며 작업에 열중하는 모습을 보였으며, 다른 집단원의 작업에 칭찬을 하거나 궁금한 점을 물어보는 등 색다른 관심을 나타냈다. 종결이 가까워지면서 자신이 미술치료에 계속 참여할 수 있었으면 좋겠다는 의사를 자주 비쳤다.

(2) 서○○

초 기

주로 그림의 내용, 음식에 관한 내용이 많이 들어갔고, 모든 관심이 음식에 대해서만 있었다. 언어사용이 적절치 못하고 횡설수설하는 모습을 보였으며 짧은 시간 동안 간략하게 그림을 그렸다. 회기 내에 병원에 대한 불만을 토로하였는데 식생활과 관련된 것이 대부분이었으며, 치료사에게 의존적이며, 간혹 먹을 것을 요구하기도 했다.

중 기

초기의 그림과 비교해 볼 때 많은 변화가 있었다. 높은 완성도를 보여 주었으며 작업에 집중하는 시간이 길어졌다. 또한 언어표현이 많이 늘어, 소재는 엉뚱하더라도 표현에 걸맞은 적절한 단어들을 사용했다. 후기에 다가가면서 음식에 관한 소재가 없어졌다.

후 기

작업시간이 점점 길어졌고, 굉장히 즐겁고 밝은 모습을 보였다. 종결에 가까워지며 환자는 미술활동에 많은 애정을 보였다. 치료사에게 의존적이던 모습이 사라졌으며, 자신의 작업에 큰 자신감을 보이기도 했다. 환자는 이 시간이 기다려진다고 하면서, 그림을 그리는 게 무척 즐겁다고 했다. 먹는 것에만 집착했던 환자에게 큰 변화라 생각된다.

(3) 신○○

초 기

집단원 중 가장 인지능력이 떨어졌던 환자는 말이 어눌하고 자신감이 매우 부족했으며 작업과정에서 치료사에게 매우 의존적인 모습을 보여 주었다. 집단원과의 대화가 거의 없었고, 그림의 특징은 분열되어 끊어진 모습들로 기형적인 형태를 나타내었다. 주제를 들으면 많이 어려워했고, 항상 작업을 늦게 시작했다.

중 기

여전히 의존적인 모습을 보였지만, 작업에 열중하는 모습이 관찰되었다.

다른 집단원의 작업에 멋지다, 잘한다 등 간단한 칭찬을 자주 했으며 만드는 작업에서는 남에게 도움을 주기도 했다.

후 기

치료 후기에 다른 병동으로 옮긴 환자는 혹시 미술치료에 참여하지 못할까 봐 종종 연락해 달라는 말을 하면서 미술치료 참여에 대한 의지를 나타냈다. 후기에 가면서 표현력이 많이 늘고 불안정한 형태들도 안정적인 모습으로 바뀌어 갔다. 작업에 열중하였으며, 집단원과의 대화도 많이 늘었다. 치료사에게 의존적이던 모습이 사라지면서 자신의 작업에 자신감을 보였다.

(4) 최○○

초 기

치료 초기에 환자는 거의 말이 없고 질문에 "예", "아니오"로 짧게 대답했다. 만화그림을 자주 그렸으며 거의 볼펜이나 연필을 재료로 선택했다. 치료사와 눈을 잘 마주치지 못했고, 다른 집단원과의 대화가 이루어지지 않았다. 그림에 천사가 자주 등장했다.

중 기

작업에 과거와 관련된 그림들이 자주 등장했다. 과거 자신의 직업, 애인, 일하던 곳 등이 그림에 나타나면서 말문을 열기 시작했다. 특히 과거에 대한 이야기를 많이 하며 즐거워했다. 작업에 열중하고 때로는 과감한 표현을 하기도 했으며, 가끔 옆 사람과 이야기하는 모습이 보이기도 했다.

후 기

관절염으로 몸 상태가 좋지 않았던 환자는 자신의 고통스런 모습을 그림에 표현하며 치료에 적극적으로 참여했으며, 회기 중 말수도 무척 많아졌다. 종결을 앞두고 환자는 혹시 아는 화가(만화가)가 없냐고 질문을 했다. 치료사가 궁금해하자, 그냥 이렇게 살지 않고 만화를 제대로 배워서 조금이라도 돈을 벌고 싶다고 꼭 소개시켜 달라고 했다. 환자의 가장 큰 변화는 아무 의지력 없던 모습에서 직업 및 사회생활에 대한 관심 그리고 무엇인가 하고자하는 의지와 목표가 생겼다는 점을 들 수 있다.

(5) 주○○

초 기

치료 초기부터 환자는 다른 집단원의 작업에 전혀 관심 없이 자신의 작업에만 집중하며 시간의 대부분을 보냈다. 자신의 그림에 큰 자신감을 보였으며, 계속된 덧칠과 함께, 강한 색채를 사용하는 특징을 보였다.

중 기

자신의 작업에 점점 더 빠져들어 가는 듯 보였다. 다른 집단원의 작업에 전혀 관심 없고 오로지 자신의 작업에만 빠져들었다(간호사로부터 병

실에서도 계속 그림만 그렸다는 이야기를 전해 들었다.). 작업을 마쳐야
하는 시점을 찾지 못하고 치료실을 나가는 순간까지 자신의 작업을 계속
고쳐 나갔다.

후 기

환자는 치료 종결에 다가가서야 겨우 다른 집단원의 그림에 관심을 보
이기 시작했다. 그림의 변화는 거의 없었고 여전히 작업을 중단하지 못했
다. 집단원 중 유일하게 변화가 관찰되지 못했다.

(6) 이○○

초 기

환자는 항상 피곤해했으며 작업을 간단히 끝냈다. 타인의 작업에 관심
을 보이지 않고 질문에만 겨우 몇 마디만 할 뿐이었다. 피곤하다면서 회
기가 다 끝나기 전에 치료실을 나가는 경우도 있었다. 그림은 항상 흐릿
하게 그렸으며 인물화를 그리는 것에 강한 거부반응을 보였다.

중 기

중기에 접어들면서 말수가 조금 늘었다. 가끔은 웃는 모습도 보여 주었
다. 조그맣게나마 그림에 인물이 등장하면서, 가족들의 이야기를 시작했
으며 다른 집단원의 작업에 관심을 보였다.

후 기

종결에 가까워지면서 웃음을 자주 보였으며, 농담을 하기도 했다. 환자에게 있어 가장 큰 변화라고 생각한다. 힘들다고 말하면서도 환자는 작업을 계속하는 모습을 보여 주었다. 그러나 인물에 대한 주제가 주어지면 강한 거부반응을 보였고, 미술치료 과정에서 나타나는 가족들에 대한 그리움은 환자에게 부정적 반응을 보여 주기도 했다.

(7) 정○○

초 기

말이 무척 많고(잘 알아들을 수 없는), 작업에 글이 많이 들어감으로 설명이 많았다. 그림이 항상 소심하게 그려졌다(형태가 작거나 종이를 반으로 접어서 그리는 등). 과거에 가졌던 직업들이 작업에 많이 나왔지만, 즐거운 표현보다는 힘든 표현이 많았다. 또한 감정기복이 심해 다른 환자들과 싸우는 일이 많았으며, 남의 물건을 잘 훔치고, 거짓말을 하는 등의 모습을 자주 보였다.

중 기

과거에 대한 회상이 작업에 많이 보였으며, 자신에 대한 깊은 이야기들이 나왔다(주치의 설명에 의하면 신빙성이 높다고 함.). 작업에 집중하였으며, 작업 중 노래를 하거나 적절한 농담을 함으로 회기를 즐겁게 해 주기도 했다. 가끔은 힘든 과거 이야기를 하면서 눈물을 보이기도 했다. 환자는 작업과 함께 이 시간을 즐기는 듯 보였다. 싸움과 도둑질은 가끔씩 보였다.

후 기

작업에 적극 참여하면서 환자는 미리 다음 회기의 작업에 대해 준비하는 모습을 보이기도 했다. 다른 집단원의 작업에 관심이 많았으며 칭찬 또한 많아졌다. 특히 언어를 비유적으로 사용하는 특이성이 자주 관찰되었는데, 초기의 환자와 비교할 때 큰 변화로 볼 수 있다.

또한 병실에서의 대인관계는 다소 안정적으로 변화되었고 싸움도 줄었으나 도둑질을 하는 것은 가끔씩 나타나 별도의 행동지침을 세웠고, 이를 통해 훔치는 행동도 거의 사라졌다. 치료 초기엔 문제가 많은 환자였으나 회기가 끝날 즈음엔 문제행동이 많이 줄고, 식당 작업까지 나가게 되었다.

3. 미술치료 과정 안에서의 집단의 변화

미술치료 초기, 같은 병동 내의 장기 입원 환자임에도 불구하고, 환자들의 집단 내의 상호작용은 잘 이루어지지 않았다.

대부분의 환자들이 미술표현에 어려움을 느꼈으며 말이 거의 없었고, 임○○, 정○○ 등 비교적 의사표현이 많았던 환자들도 자신의 관심영역에서의 대화를 이어 갔기 때문에 다른 환자와의 공감대를 형성하기에는 부족함이 많았다. 그들은 '집단'의 일원이라기보다는 마치 한 사람 한 사람 개인이 치료사와 마주하는 것처럼 행동했다.

그러나 1회기, 2회기 계속 이어져 가는 치료과정 속에서 환자들은 자신의 작품뿐만 아니라 다른 집단원의 작품과 그들의 경험을 자신의 것과 비교하기도 하고, 그 의도를 궁금해하기도 하며, 비슷한 경험에 대해 공감하고 대화를 나누기 시작했다(주○○의 경우는 거의 변화를 보이지 않고, 치료사가 유도하는 데 반응했다.).

처음엔 크레파스 하나를 양보하는 것에도 거부반응을 보이던 환자들이 다른 환자들에게 필요한 재료들을 찾아 주거나, 도와줄 부분에 대해 물어보고, 다른 집단원의 작업에 필요하다고 생각하는 자신의 의견을 이야기하며 맘에 드는 작품에 대해서 격려와 지지를 보내는 등 타인에 대해 관심을 가지고 이해하고, 배려하는 모습에서 환자들의 큰 변화를 읽어볼 수 있었다. 참관자들은 이처럼 변화된 집단의 모습을 미술치료 과정에서의 가장 큰 효과로 손꼽았다. 특히 정○○의 특유한 유머감각은 집단원들에게 웃음을 주며 치료실의 분위기를 한껏 고조시켰다.

미술치료가 진행되는 동안 집단 안에서는 미술작업이라는 매개체를 통하여 환자들 간의 끊임없는 상호작용이 이루어졌다. 참관자들은 짧은 시간에도 원만한 대화를 이룰 수 없었던 환자들이 90분이라는 긴 시간 동안 작업과 대화를 이끌어 나갔다는 사실이 매우 놀랍고 흥미롭다고 했다.

그러나 본 연구의 미술치료 과정에서 볼 수 있듯이 미술치료가 모든 대상자들에게 동일한 효과를 보여 주는 것은 아니며, 그 과정 속에서는 긍정적인 반응과 부정적 측면을 동시에 보여 줌을 알 수 있다.

예를 들어 주○○의 경우 초기와 비교할 때 자신의 작업에 대해 집착하는 모습이나 타인에 대한 무관심이 후기에도 거의 변화되지 못했으며,

이○○의 경우 역시 미술치료 과정에서의 표현들이 긍정적 반응과 함께 부정적 반응을 불러일으킴으로 미술치료 참가에 거부반응을 보이기도 했다. 본 연구의 아쉬움은, 회기를 진행하면서 이러한 결과를 예측할 수 있었음에도 집단치료라는 특성상 환자 개인에 대해 특별한 배려를 할 수 없었던 점이었다.

그럼에도 불구하고 가장 중요한 것은, 미술작업이 그들의 무기력한 삶에 큰 활력을 불어넣어 주었다는 사실일 것이다. 그들 역시 미술치료가 그들의 삶에 큰 힘과 즐거움을 주었다고 이야기하고 있다.

4. 미술치료 참여 환자 및 참관자 인터뷰

인터뷰는 미술치료 과정과 그 결과에 대한 효과를 알아보기 위해 참관자(주치의, 간호사 2人, 미술치료 전공박사과정 1人), 연구대상 환자에게 시행되었으며, 모든 인터뷰는 응답자의 주관적 견해를 고려하여, 치료사와 개인 간 1:1로 이루어졌고, 질문 형식은 동일하였다.

참관자들과 연구대상 환자들의 미술치료 과정에 대한 인터뷰 내용을 정리해 보면 다음과 같다.

1) 참관자 인터뷰

질문 1)

치료사: 현재 의료 급여 환자들에게 가장 필요하다고 생각되는 부분은 무엇이라고 생각하십니까?

"사회로부터 비교적 오랜 기간 격리된 데서 오는 현실감각의 부족이 큰 문제로 생각되기 때문에 현실감각을 키우는 것이 가장 필요하다고 생각됩니다."

―주치의 신동근

"다양한 프로그램 활용이 필요하다고 생각돼요. 음악 요법, 신문 보기, 사회 적응 기술훈련 등등…… 또 환자들의 보호자 찾기도 필요하구요."

―수간호사 문옥초

"다양한 치료 프로그램과 그에 따른 근무인력이 필요하다고 봅니다."

―수간호사 이순자

"최대한의 인격적인 배려와 사회에 적응할 수 있는 다양한 프로그램이 필요하다고 생각해요. 그리고 보호자가 있는 환자의 경우 환자와 가족을 위한 프로그램도 필요하다고 느낍니다."

—미술치료 박사과정 김선현

질문 2)

치료사: 미술치료 과정에 참관하면서 가장 인상적이었던 부분은 어떤
       것이었습니까?

"환자들이 초반엔 큰 흥미를 보이진 않았지만 점차 미술작업에
대해 흥미를 느끼며, 즐기고, 다른 환자들을 배려하게 된 점이
라고 생각됩니다."

—주치의 신동근

"참여했던 환자들 각자 자신의 작품에 대해 자유롭게 이야기를
나누는 모습이 가장 인상적이었습니다."

—수간호사 문옥초

"말수가 적은 환자들이, 자신을 표현하는 능력이 증가했던 부분
이 가장 인상적이었어요."

—수간호사 이순자

"환자들이 점점 적극적으로 참여하면서 서로 관심을 갖는 모습
과 자기중심주의에서 서로에게 관심을 갖고 배려하며 변해 가는

모습을 볼 때"

ㅡ미술치료 박사과정 참관자

질문 3)

치료사: 미술치료 과정에서 가장 만족스럽다고 생각되는 부분은 어떤
점이었나요?

"전반적으로 자기관리능력, 충동조절능력, 사회성이 호전된 점
이라 생각됩니다."

ㅡ주치의 신동근

"평소 생각했던 것이나 마음속 깊이 담아 두었던 부분을 표현하
고 발표할 기회가 있었던 점이라 생각돼요."

ㅡ수간호사 문복초

"다양한 소재와 재료로 미술활동을 함으로 환자들이 흥미롭게
참여하고 표현했던 점"

ㅡ수간호사 이순자

"환자들이 자신의 심리적인 모습을 그림을 통해 표현하며 대화
하는 모습이 가장 만족스럽게 생각되었어요."

ㅡ미술치료 박사과정 김선현

질문 4)

치료사: 미술치료 참가 전과 후, 환자들은 어떤 변화가 있었다고 생각
       하십니까?

"현실감각이 좋아지고, 타인을 배려하고, 사회성이 좋아져 집단
에서의 생활이 나아지고, 주변에 대한 관심이 증가했으며 자기
만족도가 올라갔다고 봅니다."

                                            ―주치의 신동근

"주 1회 참석하였지만 대상자로 선정된 데 자부심을 갖고 다른
환자들에게 자랑하며 미술치료시간을 기다리는 모습들이 가장
변화된 모습이라 생각해요."

                                          ―수간호사 문옥초

"병리적으로 큰 변화는 없었지만 환자들이 흥미를 갖고 미술치
료에 참여했다는 점과 자신을 표현하는 능력이 높아졌던 부분을
이야기하고 싶습니다."

                                          ―수간호사 이순자

"서로에게 관심조차 없던 환자들이 미술치료를 받으면서 점차
마음을 열고 적극적으로 참여하는 태도의 변화. 일주일 내내 미
술치료를 받는 시간을 기다리게 된다는 열정적인 열린 마음"

                                    ―미술치료 박사과정 김선현

질문 5)

치료사: 미술치료 과정에서 느낀 점을 이야기해 주십시오.

"정신병리적으로 볼 때 치료 전과 후에 있어 병적인 측면은 크게 달라지지 않았지만, 단체생활능력, 사회성, 의사표현능력, 자기관리능력 등이 호전을 보였고, 그 결과 자존감이 상승하고, 환자의 전반적인 삶의 질이 향상되었다고 생각합니다."

— 주치의 신동근

"환자들이 야외활동을 좋아한 것 같아 야외활동을 늘렸으면 좋겠고, 미술치료 후 병동 간호사들과도 After Meeting이 있었으면 좋을 것 같아요. 여러 병동의 환자들이 참여할 기회가 더 많이 주어졌으면 좋겠습니다."

— 수간호사 문옥초

"말수가 적고 제한된 활동만 하는 환자들이 어떤 매개체를 통하여 본인의 생각이나 느낌들을 쉽게 이야기할 수 있었던 것 같아요."

— 수간호사 이순자

"미술치료가 효과적으로 이뤄지기 위해서는 담당전문의, 미술치료사, 환자, 보호자가 서로 유기적인 관계를 유지하는 것이 중요하며, 환자의 상태 및 질환에 맞는 다양한 미술치료 프로그램을 적용하여 사회생활에 잘 적응할 수 있도록 돕는 것이 중요하다고 생각합니다."

―미술치료 박사과정 김선현

2) 연구대상 환자 인터뷰

질문 1)

치료사: 입원 치료과정에서 불만스러운 점이 있다면 무엇입니까?

임○○: "주치의 선생님을 자주 뵙지 못하고 면담 시간이 짧은 것"

서○○: "약 부작용"

신○○: "잘 모르겠다."

허○○: "환자에 대한 무관심."

주○○: "없었다."

이○○: "모르겠다."

정○○: "면담 시간이 짧은 것"

질문 2)

치료사: 보호자와의 면회 주기가 있다면 대략 얼마나 됩니까?

임○○ : "1년에 2번."

서○○ : "1년에 1번."

신○○ : "없다."

허○○ : "3년에 1번 정도."

주○○ : "1년에 2회."

이○○ : "1년에 1회."

정○○ : "없다."

질문 3)

치료사: 미술치료를 하면서 가장 만족스러웠던 점은 어떤 것이었나요?

임○○ : "지금까지 해 보지 못했던 미술활동을 했던 점"

서○○ : "내 생각대로 잘 표현했던 점"

신○○ : "치료사와 주치의가 친절했던 점"

허○○ : "마음 표현을 쉽게 할 수 있었던 점"

주○○ : "토론을 할 수 있었던 점"

이○○ : "이야기를 나눈 것"

정○○ : "찰흙작업을 했던 것과 야외작업을 했던 점"

질문 4)

치료사: 미술치료를 하면서 특별히 느끼셨던 점이 있었나요?

172

인○○ : "치료사의 따뜻한 마음 때문에 어려움 없이 작품으로
잘 나올 수 있게 표현했던 것 같아요."

서○○ : "잘 표현될 때는 좋았지만 어떻게 해야 되는지 생각이
나지 않을 때는 힘들었어요."

신○○ : "치료사와 주치의가 친절해서 매우 기뻤습니다."

최○○ : "창의력과 표현력이 높아진 점을 느꼈다."

주○○ : "진솔하고 진지하게 표현했던 점."

이○○ : "그림을 그리는 것이 정신건강에 좋다는 것."

정○○ : "치료사와 주치의의 배려가 고마웠습니다."

질문 5)

치료사: 다시 미술치료의 기회가 주어진다면 참여할 의사가 있나요? 있
다면 주 몇 회 정도가 적당하다고 생각하십니까?

인○○ : "예, 3회 정도 했으면 합니다."

서○○ : "예, 3회 정도 했으면 합니다."

신○○ : "예, 1회 정도 했으면 합니다."

최○○ : "예, 2회 정도 했으면 합니다."

주○○ : "예, 1회 정도 했으면 합니다."

이○○ : "예, 1회 정도 했으면 합니다."

정○○ : "예, 2회 정도 했으면 합니다."

질문 6)

치료사: 미술치료 참여하면서 자신에게 도움이 된 점이 있다고 생각하
십니까? 있다면 어떤 점들 이었나요?(이 부분은 환자들에게 예
를 들어 주었음)

인○○ : "창의적 표현력 향상, 스트레스 해소, 자기성찰, 타인에
대한 배려가 생겼고 여가활동 등에 도움이 되었어요."

서○○ : "창의적 표현력 향상, 병인식, 스트레스 해소, 타인에
대한 배려가 생겼습니다."

신○○ : "창의적 표현력 향상, 의사표현 능력 향상, 타인에 대
한 배려와 자신감이 생겼으며 사회소식들을 접할 수
있었습니다."

최○○ : "창의적 표현력 향상, 의사표현 능력 향상, 스트레스
해소, 대인관계가 원만해짐, 사회소식을 접할 수 있었
고 자신감과 타인에 대한 배려가 생겼다."

주○○ : "병인식, 자기성찰, 스트레스를 해소하는 데 도움이
되었다."

이○○ : "스트레스를 해소하는 데 도움이 되었습니다."

정○○ : "스트레스 해소, 창의적 표현력 향상, 타인에 대한 배
려가 생겼다."

질문 7)

치료사: 그렇다면 같이 미술치료 참여했던 동료 환우들은 어떤 변화가
있었나요?

인○○: "표현력이 좋아지고, 자기성찰에 도움이 된 것 같습니다."
서○○: "다른 환자의 성격들과 자신의 성격을 알게 된 것 같다."
신○○: "개성이 생긴 것 같다."
최○○: "섬세해지고 세련해졌다."
주○○: "여유로움이 생겼고, 무식이 유식으로 바뀐 것 같다."
이○○: "잘 모르겠다."
정○○: "대화가 능숙해졌고, 그래서 정이 많이 들었다."

질문 8)

치료사: 현재 환자들에게 가장 필요하다고 생각되는 부분은 어떤 것인
가요?

인○○: "여가활동"
서○○: "좋은 음식, 여가활동"
신○○: "잘 모르겠다."
최○○: "인내와 친절이요."
주○○: "자신의 병을 아는 것."
이○○: "병이 다 나아서 자유를 얻는 것"
정○○: "여가 활동 및 야외 산책"

질문 9)

치료사: 기존에 다녔던 학교에서의 미술시간과 병원에서 참여한 미술치
료시간과 다른 점이 있다면 무엇이라고 생각하십니까?

인○○: "학교교육보다 다양했고, 이야기를 나눈 점이 다르다
고 생각해요."

서○○: "이야기를 많이 할 수 있다는 점이 좋았어요."

신○○: "미술요법은 얘기를 해서 좋았어요."

허○○: "잘 모르겠어요."

주○○: "학교교육은 정적이고, 미술치료는 동적인 것 같아요."

이○○: "미술치료는 아기자기하고 재미있다."

정○○: "동료들을 배려할 수 있게 되었고, 시간마다 동료환자
들을 챙겨서 데려오는 점이 기뻤다."

3) 인터뷰 결과 요약

환자들의 인터뷰 결과 대부분의 환자들이 보호자와의 면회가 잘 이루
어지지 않았으며, 병원 안에서 주치의와의 면담 시간이 부족하다는 의견
을 보였다.

본 연구의 미술치료 과정에 대한 참관자들과 연구대상 환자들의 인터뷰 결과를 요약해 보면 다음과 같다.

첫째, 미술치료는 환자들의 창의적 표현력을 키워 준다.

둘째, 미술치료는 환자들의 의사표현 능력을 키워 주고, 타인을 이해하고 배려하게 하며, 사회성 발달에 도움을 준다.

셋째, 미술치료는 환자들에게 자신감과 만족감을 준다. 이 모두는 전반적인 삶의 질 향상에 긍정적 영향을 미친다.

5. 미술활동을 통한 '삶의 질' 향상

'삶의 질'은 개인이 바람직하고 만족스러운 것으로 느낄 수 있는 생활의 모든 내용을 통합하고 요약하는 추상적 개념이다(황태연, 1998).

그렇다면 연구대상인 의료 급여 장기 입원 정신분열증환자들의 '삶의 질'에 미술치료는 어떤 영향을 주었는가? 질문해 볼 수 있겠다.

이에 답하기 위해 우선적으로 그들이 입원, 격리 치료라는 제한된 환경에 살고 있다는 것과 Becker 등이 연구 발표한 "정신분열증환자의 임상 증상과 삶의 질과의 연관성은 낮다(김종훈 외, 2003)."는 두 가지 전제조건을 밝힌다.

필자가 특별히 이 두 가지 조건을 밝히는 이유는, 제한된 환경 안에서 생활하는 연구대상 환자들의 삶에 있어 미술치료가 갖는 의미와 필요성을 알리고, 환자들의 정신병리적 증상 때문에 그들의 '삶의 질'이 결코 무시되어선 안 된다는 본 연구의 취지를 다시 한 번 밝히기 위함이다.

인간은 인간으로서의 존엄과 가치를 부여받으며 신체적, 정신적, 사회적으로 만족감을 느낄 때 '삶의 질'에 대한 가치를 높일 수 있다(진용일, 1993).

본 연구의 미술치료사례 역시, 미술치료를 통하여 스스로 느끼는 만족감이 그들의 '삶의 질'에 어떤 영향을 주었는지 그 과정을 통해 보여 주고 있다.

본 연구의 미술치료 과정에서 나타난 것처럼 다양한 미술활동은 환자들에게 자신들의 경험과 체험을 그림으로 나타나게 하고, 창의적 표현력을 길러 주며, 자신의 작품에 대해 자유롭게 이야기하는 과정을 통하여 타인과 교류하며 사회성을 기르게 한다. 그리고 그러한 과정 속에서 환자들은 치료사와 집단원의 지지를 받게 되고, 자신에 대한 자부심과 자존감을 향상시킬 수 있게 된다. 이는 전반적인 '삶의 질' 향상을 의미하며, 환자들역시 미술치료가 자신의 삶에 큰 힘이 되어 주었음을 이야기하고 있다.

임○○은 자신이 미술치료를 받게 된 것은 큰 행운이며, 이 과정을 통해 '희망'을 가지게 되었다고 말했다. 임○○은 만성 정신분열증환자라는 사실이 놀라울 정도로 인지기능이 높았으며, 상식 또한 풍부했다. 병동 내의 환자 대부분이 매우 낮은 인지기능을 지니고 있기 때문에 임○○는 환우들과 만족할 만한 교류를 이룰 수 없었을 거라 추측되며, 이런 임○○에게, 다양한 매체를 통한 자신의 표현과 '대화의 장'이 되어 주었던 미술치료는 부족하게만 느껴졌던 그녀의 삶에 큰 활력을 주었으리라 생각된다. 서○○는 자신의 그림실력이 향상된 점이 가장 기뻤으며 그로 인해 자신감을 가질 수 있게 되었고, 함께 이야기하며 그림을 그릴 수 있다는 사실이 즐겁다고 했다. 신○○은 자신은 그림을 잘 그리지는 못하지만 치료사 선생님과 이야기를 나누는 것이 기쁘고 이 시간에 참여할 수 있다는 것 하나만으로도 큰 즐거움을 느낀다고 말했다. 최○○은 일주일 내내 이 시간을 기다리게 된다고 말하며 치료사를 만나는 것이 무척 기쁘다고 말했다. 고립된 성격이 주 문제였던 환자는 미술치료를 통해 타인과의 대화를 나누고 그 속에서 즐거움을 느끼게 되었다. 주○○는 '미술' 자체에 만족감을 느낀다고 하며 그림을 그리는 것이 무척 즐겁다고 했다. 주○○의 경우 치료사와 참관자들이 보기에 큰 변화는 없어 보였지만 작업의 집중도와 자신이 스스로 느끼는 만족감은 다른 집단원에 비해 월등히 높았다고 평가된다. 이○○의 경우 미술치료 과정에서 부정적 측면을 보여 주기도 했지만, 다른 환자들과 마찬가지로 미술치료가 자신의 병동생활에 큰 활력을 주고 있다고 이야기하고 있다. 정○○ 역시 미술치료로 인해 자신의 생활이 무척 즐거웠다고 말하고 있다. 정○○는 치료과정 중 자신이 가진 독특한 '끼'를 발산하며 미술치료시간을 더욱 풍요롭게 만들었으며 그 자신도 그런 자신의 모습에 큰 기쁨을 보였다.

이처럼 연구에 참여했던 환자들은 자신의 삶에 미술치료가 기쁨과 즐거움을 주고 있다고 말하고 있다. 이는 미술치료 과정에서 보였던 환자들의 변화된 모습, 즉 미술치료 과정에 대한 치료사나 참관자들의 평가와는 별개의 것으로 간주되는, 그들만이 느낄 수 있었던 주관적 만족감이라 할 수 있다.

이를 통해 알 수 있는 의료 급여 정신분열증 장기 입원환자의 삶에 있어 미술치료의 긍정적 측면은 '미술치료시간'이라는 시간적, 환경적 제공이다. 연구 대상 환자들의 평균 면회주기는 연 1회이며, 이렇다 할 치료혜택을 받지 못하는 그들은 병원 내의 치료진, 동료 환자 외에는 대인접촉이 거의 없는 상태이다. 아침부터 저녁까지 별다른 계획 없이 늘 반복된 생활을 하고 있는 환자들에게 미술치료의 제공은 그들로 하여금 새로운 대인관계를 형성하도록 도와주며, 주 1회 90분이라는 짧은 시간 동안이지만 그들의 생활에도 "나는 무엇인가를 하고 있다."는 계획된 시간을 부여해 주고 있다.

실제로 환자들은 치료 전날인 수요일 저녁엔 "설레어서 잠이 안 왔다.", "치료시간에 늦지 않기 위해 일찍 잤다.", "내일은 무엇을 할지 궁금했다.", "일주일 동안 이 시간만을 기다렸다."라는 등의 표현을 자주 해 왔다. 이러한 계획 속의 생활은 그들에게 "나도 할 수 있다."라는 용기와 "무엇인가 하고 싶다.", "잘해야겠다."라는 욕구를 불러일으킨다. 또한 그러한 욕구와 함께, 나름대로의 계획을 실행에 옮겨 보기도 한다. 예를 들어, 본 연구에 소개 되었던 28회기에(스티커 작업), 연구 대상 환자인 정○○의 경우는 주제와 상관없이 그림사진을 한 장 가지고 와서 감춰 둔 채 모방하여 그림을 그렸고, 그 인물이 주치의 선생님이라고 했다. 작업이 끝난 후에 환자는 그 그림을 잡지책에서 봤을 때 미술치료시간에 그려야겠다는 생각을 했고, 그래서 그 부분을 찢어 왔다고 밝혔다. 임○○은 미리 한 주 후의 주제를 물어보기도 했다. 미리 계획하고 싶다는 것이 이유였다. 주○○ 역시 일주일 동안 자신이 그린 그림을 치료사에게 보여 주기 위해 가져오는(또는 보여 주기 위해 그리는) 행동을 자주 보였다. 이러한 환자들의 행동은 미술치료가 그들에게 이전엔 없었던 특별한 동기를 불러일으키고 있음을 말해 주며, 이러한 과정 속에서 스스로 느끼는 만족감은 그들의 신체적, 정신적 건강과 함께 환자 개인으로서의 삶의 보람과 만족으로 그들의 '삶의 질'에 긍정적 변화를 가져온다고 말할 수 있다.

즉 미술치료는 환자들의 '삶의 질'을 향상시킨다.

'삶의 질' 차원에서의 미술치료

정신분열증환자의 치료의 목표는 일차적으로 증상의 경감이나 해소, 재발의 방지에 있지만 궁극적인 목표는 '삶의 질'을 향상시키려는 데 있다(서호석 외, 2001).

앞의 사례에서도 알 수 있듯이 미술치료는 제한된 환경 속에서 오랜 병동 생활을 해야만 하는 의료 급여 정신분열증환자들에게 개인적인 만족감과 즐거움을 주며 타인에 대한 배려와 사회성 발달에 많은 도움을 준다. 이러한 과정에서 환자들은 자신에 대한 자신감이 생기고 활력을 찾게 되며 이 모든 변화는 그들의 '삶의 질' 향상을 의미한다.

무엇보다 중요한 것은 타인에 의해서가 아니라, 본인 스스로 자신의 삶을 변화시킬 수 있었다는 것이다.

이처럼 미술치료는 자신이 치료에 역동적으로 참여해야 하는 치료 방법이며, 자신 스스로 무엇인가 할 수 있다는 의지는 또 따른 역할을 수행할 수 있다는 가능성을 제시한다.

안타까운 것은 이런 긍정적 변화를 확신함에도 불구하고, 대다수의 의료 급여 만성정신분열증환자들이 이러한 치료환경을 제공받지 못하고 약물치료에만 의존한 채 격리되어 살아가고 있다는 것이다.

인간은 인간의 존엄과 가치를 보장받으며 인간답게 살 권리가 있으며, 정신분열증환자도 예외는 아니다. 지역사회 정신보건 역시, 한 개인이 자신의 치료와 서비스를 받는데 자유, 자기결정권, 자율성, 존엄성이 최대한으로 보장되도록 하는 것이라는 자유의지의 선택을 강조하는 인간중심적인 이념에 기초하고 있다(서현희, 2002; 김규수, 1994).

따라서 국가는 만성 정신분열증환자들을 포함한 만성 정신질환자의 치료 및 장애 극복과 사회복귀를 위한 복지 증진의 책임이 있다.

이에 필자는 사회복지 측면에서 미술치료를 포함한 다양한 치료의 기회와 혜택이 만성 정신질환자들에게 골고루 제공될 수 있는 정신보건 정책을 확대시켜 나가야 한다고 제언하는 바이다.

또한 장기 입원이 되풀이되는 만성 정신질환자들이 격리, 수용된 삶에서 벗어나 인간답게 살 수 있도록 사회적응과 사회복귀를 위해, 살아가고, 배우고, 일하는 데 필요한 신체적, 정신적, 사회적, 기능적인 기술을 수행할 수 있도록 재활을 목표로 한 치료적 환경이 조성되어야 한다고 덧붙인다.

이를 위해선 정부의 확고한 의지하에 정신 보건 관련 법규의 제정과 예산 확보, 만성 정신질환자를 위한 사회복지 제도의 개선이 이루어져야 할 것이다.

끝으로 미술치료 과정을 질적 분석하고 서술하는 과정에서 미술치료 과정의 전달을 용이하게 하기 위해 연구 대상 환자들의 언어표현을 사실

그대로 기입하지 못한 점과 참관자들만이 느낄 수 있었던 치료실의 분위기와 환자들의 활발했던 현장의 역동성을 정확하게 전달할 수 없었다는 점에 아쉬움이 있었음을 밝히는 바이다.

참고문헌

단행본

권석만(2003), 현대이상심리학(서울: 학지사).

김동연 외 편저, HTP와 KHTP심리 진단법(서울: 동아문화사, 2002).

김용태(2003), 가족치료이론(서울: 학지사).

김진숙(1993), 예술심리치료의 이론과 실제(서울: 학지사).

김철권·변원탄(1994), 만성정신과 환자를 위한 정신재활(서울: 신한).

대한신경정신의학회편(1997), 신경정신과학, p.705, 서울: 하나의학사.

대한신경정신의학회편(2009)신경정신의학, p.412, 서울: 중앙문화사.

문옥륜 외, 의료보장론(서울: 선광출판사, 2000.

민성길, 최신정신의학(서울: 일조각, 2003).

오병남 외, 미학으로 읽는 미술.

이영화, 서양미술사(서울: 박영사, 1990).

이홍식, 정신분열증(서울: 진수출판사, 1995).

임승룡 편저, 미술(서울: 시대기획, 1994).

원호택·이훈진, 정신분열증(서울: 학지사, 2002).

정여주, 미술치료의 이해(서울: 학지사, 2002).

정원철, 정신보건 사회사업론(서울: 학문사, 2000).

진용일, 심리학 개론(서울: 동문사, 1993).

한국미술치료학회, 미술치료의 이론과 실제(서울: 동아문화사, 1994).

홍숙기, 일과 사랑의 심리학(서울: 나남, 1994).

역서

Carl Gustav Jung 외, 인간과 상징(Man And His Symbols), 이윤기 역(서울: 열린 책들, 1996), p.221.

Charles L. Thompson & Linda B. Rudolph 공저, 천성문 외 공역, ≪아동상담의 이론과 실제, 시그마플레스≫, 2001, p.122.

Cathy A. Malchiodi, 미술치료(The Art therapy sourcebook), 최재영·김진연 역 (서울: 조형교육, 2000).

Ernst Hans Josef Gombrich, 서양미술사, 최민 역(서울: 열화당 미술선서, 1995).

Gisela Schmeer, 그림 속의 나(Das Ich im Bild), 정여주, 김정애 역(서울: 학지사, 2004).

Gumaer J. 저·이재연 역(1987), Counseling and Therapy for Children, 서울: 양서원.

Ingrid Riedel, 융의 분석심리학에 기초한 미술치료, 정여주 역(서울: 학지사, 2000).

Jean Louis Ferrier 저·김정화 역(1990), 『20세기 예술의 모험』, p.813, 에이피 인터내셔날.

Jennifer Mason, 질적연구방법론(Qualitative Researching) 김두섭 역(서울: 나남, 2004).

John. Short, 백영기 역(2000). 『인간의 도시』, p.18. 서울: 한울.

캘빈 S. 홀 저. 백상창 역(1983), 프로이드심리학, p.155. 서울: 문예출판사.

Judith A. Rubin. 저·이재연 역(2006), 『미술치료학 개론』, p.151.

Robert Burns, 동적 집-나무-사람그림검사, 김상식 역(서울: 하나 출판사, 1998).

미국 정신분석학회, 이재훈 외 옮김, ≪정신분석용어사전≫, 한국심리치료연구소, 2002, pp.143~144.

학위논문

김명숙, "한국인의 삶의 질에 관한 연구"(석사학위 청구논문, 이화여자대학교, 1981)

김영미, "장기 입원 만성정신질환자의 실태에 관한조사"(석사학위청구논문, 부산대학교, 1999)

김효진, "정신병환자의 미술표현에 관한 연구"(석사학위청구논문, 숙명여자대학교, 1996)

서수경, "의료보호 정신분열증환자의 의료이용양상"(석사학위청구논문, 한양대학교, 2000)

서현희, "지역 정신보건센터를 이용하는 만성정신장애인의 삶의 질에 관한 연구"(석사학위청구논문, 가톨릭대학교, 2000)

신연숙, "정신분열증환자의 미술표현 연구"(석사학위청구논문, 서울대학교, 1995)

오경선, "공공미술연구"(석사학위청구논문, 중앙대학교 대학원, 2001)

유미, "정신분열증환자의 미술치료와 삶의 질"(석사학위청구논문, 동국대학교, 2004)

유희정, "정신분열병 환자의 삶의 질과 병식"(석사학위청구논문, 경희대학교, 1998)

이수진, "집단 미술치료가 정신분열증환자들의 사회생활기술과 대인관계변화에 미치는 효과"(석사학위청구논문, 대구대학교, 2002)

이영호, "정신분열증환자의 집단치료가 사회적응에 미치는 영향"(대구대학교 석사학위논문, 1990)

최현진, "집단 미술치료가 정신분열증환자들의 사회기술향상과 증상완화에 미치는 효과"(석사학위청구논문, 대구가톨릭 대학교, 2004), pp.12~19.

한영란, "만성 정신장애인의 삶의 질 요인에 관한 연구"(석사학위청구논문, 대구대학교, 1997)

황영순, "낮 병동에서의 미술활동에 의한 치료중재가 정신질환자의 사회기술에 미치는 영향"(석사학위논문, 동국대학교, 2005)

학술지

기정희, "정신분열증환자의 풍경화에 나타나는 특징"(신경정신의학, 21, 1982), pp.553 − 561.

김규수, "정신질환자의 사회복귀를 위한 사회치료", 한국정신의료사회사업학회, 제1집(1994).

김종훈 외, "비정형 항정신병약물을 투여중인 정신분열병 환자의 주관적 삶의 질", 한국신경정신의학회, 제42권, 제2호(2003).

남정자, 한영수, 최정수, 한충길, "정신보건의 현황과 정책과제", 한국보건사회연구원(1994).

노명래, "정신분열증환자의 회화요법 및 회화상 특징", 미술치료연구(1998).

대구광역시 아동 학대 예방 센터, "피학대 아동의 정서안정을 위한 미술치료 서비스"(2001)

박종익(2000), "한국 정신분열병 환자의 직·간접비용", 신경정신의학 제30권, 제3호, p.580.

배안 외, "치료환경에 따른 만성정신질환자의 삶과 질", 신경정신의학회, 제38권, 제6호(1999).

서호석 외, "정신분열병 환자의 삶의 질과 정신병리", 신경정신의학회, 제40권, 제6호(2001).

유미, "예술의 사회적 기여에 관한 국내외 실증사례연구(미술치료부분) − 한국문화예술위원회 예술정책연구 협력연구과제", 한국문화예술위원회(2008).

유미, 신동근(2005), "만성정신분열증환자의 미술치료와 삶의 질", 용인정신의학보, 제12권 제1호.

이영실, "사회사업교육에 있어서의 인간관계론에 관한 연구", 한국정신의료사회사업학회지. 제1집(1994).

원정숙·조희, "지역사회 정신재활간호사업이 만성정신질환자가 지각한 가족지지에 미치는 영향", 정신간호학회지, 7(1), pp.187 ~ 198(1999).

최영희, "정신과 영역에서 삶의 질에 관한 고찰", 신경정신의학, 제36권, 제1호(1997).

황태연 외, "직업재활 프로그램이 만성정신분열병 환자의 삶의 질에 미치는 영향", 한국신경정신의학회, 제37권, 제6호(1998).

울산대곡리반구대암각화(蔚山大谷里盤龜臺岩刻畵), 문화재청 문화예술자료 (1995).

보건복지부, 국민건강보험공단, '2003 의료 급여 통계자료집'

보건복지부, 보건복지 백서(2003).

보건복지부, 2005년 장애인 실태조사.

외국서적 및 논문 참고문헌

Awad G(1992): Quality of life in schizophrenic patients on medications and implications for new drug trials. Hosp Community Psychiatry 43:262 − 265.

Awad AG(1993): Methodological and design issues in clinical trials of new neuroleptics: an overview. Br J Psychiatry 163(Suppl 22): 51 − 57 Averch, S. A. (1982), An art therapy curriculum schizophrenic adults in a day treatment setting. thesis(ED. D), Harvard University.

Ahern, G. L. & Schwartz, G. E. (1985), Different lateralization for positive and negative emotion in the human brain: EEG spectral analysis, Neuropsychologia, 23(6).

Allen, P. B. (2001), Art making as a spiritual path: The open studio process as a way to practice art therapy. In J. A. Rubin(Ed.), Approaches to art therapy: Theory and technique(pp.178 − 188), New York: Brunner − Routledge.

America Psychiatric Association(1980), Diagnostic and statistical manual of mental disorder(3rd ed). Washington, DC: Author.

Bhattacharya J. & Petsche H. (2002), Shadows of artistry: Cortical synchrony during perception and imagery of visual art, Cognitive Brain

Research, 13, 179 – 186.

Bhattacharya J. & Petsche H. (2005), Drawing on mind's canvas: Differences in cortical integration patterns between artists and non – artists, Human Brain Mapping, 26.

Burt H. (1995), Beyond practice: A postmodern feminist perspective on art therapy research. Art Therapy: Journal of the American Art Therapy Association, 13(1).

Cassirer E. (1923), The Philosophie der Symbolishe Formen Ⅰ.

Davison, G. C., & Neal, J. M. (1998). Abnomal Psychology. J ohn Wiley & Sons.

Fernandez, A., et al. (2004), Activation of the prefrontal cortex in the human visual aesthetic perception, Proceedings of the National Academy of Sciences of the United States of America, 101.

Freud S. (1955), The interpretation of dreams(1900), Standard edition Vols., 4 – 5, London: Hogarth press.

Gantt, L. M. (1998), A discussion of art therapy as a science, Art Therapy: Journal of the American Art Therapy Association, 15(1).

Goodman M, Smith T(1997): Measuring quality of life in schizophrenia.

Goodman N, (1989): "Aims and Claims", Art, Mind & Education: Research from Project Zero, ed.

Medscape mental health. 2(11) http://www.medscape.com/.

Green, B. L., Wehling c. & Talsky, G. J. (1987), Group Art Therapy as an Adjust to Treatment for chronic Outpatients, Hospital & Community psychiatry, 38(9). pp.988~991.

Dally T. (1986), Kunst als Therapie: Eine Einfürung, Daedalus, Rheda – Wiedendrük. Green, B. L., Wehling c. & Talsky, G. J. (1987), Group Art Therapy as an Adjust to Treatment for chronic Outpatients, Hospital & Community psychiatry, 38(9). pp.988~991. Henley, D. R. (1992), 『Exceptional children: Exceptional art. Worcester』, p.17, MA: Davis Publications.

Hurwitz, A. & Day, M. (2001), 'Children and their art: Methods for the elementary school' p.57, Orlando, FL: Harcourt College Publisher.

Jung(1929), Ziele der Psychotherapie: GW, Bd. 16, Olten 1972, S. 38 – 56.

Kaplan, F. F. (2004), Inner space, Art Therapy: Journal of the American Art Therapy Association, 21(3).

Kris, E. (1952). Psychoanalytic Explorations in Art, New york: Univ. press.

Lidz, Fleck & Cornelison(1965), Schizophrenia and the Family. New York: International Univ. press, Inc.

Lowenfeld, V. (1957), 『Creayive and Mental Growth』 pp.38 – 56, New York: Macmillan.

Lubin, J. (1984). 『The art of art therapy』. New York: Brunner/Mazel.

Manheim, 1953.

Marinich J. (1976), Art therapy: Its use in hospital treatment of patient with schizophrenia, Masters Thesis(M. A), Ursuline College.

Moriarty J. (1976), Combining activities and group psychotherapy in the.

Patricia A. St. Jone, Art Education, Therapeutic Art and Art Therapy: Some Relationship, Art Education January 1986, pp.14 – 16.

Reiner · E. R. Trllin. J, A(1975), Rating Pictorial Expressions of a Schizophrenic. Vol.2. p.168. Arts Psychotherapy. New York.

Ulman E ·, Levy. B. I.(1984), An Experimental Approach to the Judgement of Psychopathology from Painting. Vol.23. p.49. Journal of Art Therapy. New York.

Wadeson H. (1980), Art psychotherapy, New York: John Wiley & Son.

Wynne, L. C., Ryckoff, I. M., Day, J., & Hirsch, S. I. (1981), Pseudo – Murtuality in the Family Relations of Schizophrenia.

Family Therapy: Major Contributions, edited by Robert Jay Green and James L. Framo. Madison and Connecticut: International University Press Inc.

유 미 ─────────────────────────────────────

▌약 력

아트포미미술치료연구소장
경희사이버대학교 외래교수
성균관대학교 겸임교수
한국정신건강미술학회 부회장
한국임상모래놀이치료학회 이사
한국통합예술치유진흥회 이사
한국조형교육학회 정회원

경희대학교 사범대학 미술교육학과 졸업
동국대학교 문화예술대학원 예술치료학과 졸업(미술치료 전공 - 예술치료학 석사)
경희대학교 일반대학원 사학과 박사과정 수료(미술사 전공)
독일 드레스덴 미술치료대학원 Kunstetherapie mackenspie과정 수료
독일 Artaban Kunstetherapie Schule 인지학 미술치료과정 수료
한라그룹 홍보실
갤러리 프린스 인 큐레이터
더리미 미술관 학예사 겸 문화센터 강사
서울시립 용인정신병원 미술치료 임상실습
서울시립아동복지센터 미술치료사
새중앙아동발달센터 미술치료사
황원준 신경정신과 미술치료사
경기대학교, 용인송담대학교, 홍익대학교 미술교육원 강사 역임
경기도 제2청사 여성문화기획과정 출강
대한임상미술치료학회 임상수련교육과정 강사 역임
용인시 정신보건센터 미술치료사
특수 분야 교사직무연수 출강(미술치료)

▌주요 연구서적

독일 프뢰벨 특수학교 미술치료프로젝트 참가(동서의 만남)
장애아동 미술치료 피크닉 행사
다문화 가족 미술치료 피크닉 행사
전시기획 – '2007, 정신 그 내면의 세계 – 경기도 4개 시 정신장애인 미술품 순회전시'
전시기획 – '2008, 탄생에서 죽음까지 – 더리미 미술관'
전시기획 – '2008, 상여 가는 길(전통 장례문화 재연)', 허수아비전 – 더리미 미술관
전시기획 – '2008, 더리미 미술관 청소년 도예전'
전시기획 – '2008, 더리미 미술관 실버 도예전'

▌주요 논문 및 저서

「미술치료와 삶의 질」
「만성정신분열증환자의 미술치료와 삶의 질」
「커뮤니케이션 매체로서의 미술」
「만성정신분열증환자의 미술치료 임상사례 – 집단미술치료 과정에 따른 작품변화를 중심으로」
「미술작품 속에 보이는 자아방어기제」
「미술치료실증사례연구 – 미술치료의 사회적 기여도에 관한 연구」

『현장적용을 위한 미술치료의 이해』

정신분열증 환자의

미술치료와
삶의 질

초판인쇄 | 2010년 3월 15일
초판발행 | 2010년 3월 15일

지은이 | 유 미
펴낸이 | 채종준
펴낸곳 | 한국학술정보㈜
주 소 | 경기도 파주시 교하읍 문발리 파주출판문화정보산업단지 513-5
전 화 | 031) 908-3181(대표)
팩 스 | 031) 908-3189
홈페이지 | http://www.kstudy.com
E-mail | 출판사업부 publish@kstudy.com
등 록 | 제일산-115호(2000. 6. 19)

ISBN   978-89-268-0700-2 03180 (Paper Book)
        978-89-268-0701-9 08180 (e-Book)

이담
Books 는 한국학술정보(주)의 지식실용서 브랜드입니다.